Die Französin Christine de Colombel gehört in die erste Riege weiblicher Bergsteiger und betreibt das Bergsteigen in seinen verschiedensten Formen, vom Hochalpinismus bis zum Bergwandern. Dabei geht es ihr nicht um die rein körperliche Leistung, sondern darum, die Grenzen des eigenen Ich zu erfahren. Dieses Erlebnis sucht sie vor allem in fernen Ländern. So hat sie unter anderem die Logan Mountains in Kanada, den Mount Kenya in Kenia, den Chulu in Nepal und 1982 mit einer polnischen Frauenmannschaft den K2, den zweithöchsten Berg der Welt, bestiegen.

Christine de Colombel schreibt für zahlreiche Zeitungen und Zeitschriften und hat mehrere Bücher veröffentlicht.

Christine de Colombel

Der siegreiche Berg

Eine Zweier-Mannschaft kämpft um den Berggiganten Masherbrum im Karakorum

SIERRA

Die Deutsche Bibliothek – CIP-Einheitsaufnahme
Ein Titeldatensatz für diese Publikation ist bei
Der Deutschen Bibliothek erhältlich

REISEN · MENSCHEN · ABENTEUER

2. überarbeitete Auflage 2000
Sierra bei Frederking & Thaler Verlag, München
in der Verlagsgruppe Bertelsmann GmbH
www.frederking-und-thaler.de
© 1989 Frederking & Thaler Verlag, München
© 1981 Fernand Nathan, Paris
Titel der Originalausgabe: „Voyage au bout du vide"
Alle Rechte vorbehalten
Titelfoto: James Balog (Getty Stone, München)
Fotos: David Belden
Karten: Gert Köhler, München
Lektorat der überarbeiteten Auflage: Susanne Härtel, München
Umschlaggestaltung: Atelier Bachmann & Seidel, Altötting
Produktion: Sebastian Strohmaier, München
Papier: Das Papier wurde aus chlorfrei gebleichtem Zellstoff hergestellt
ISBN 3-89405-005-5
Printed in Germany

Inhalt

ERSTE ANNÄHERUNGEN

So fing es an

Ja, wir sind nur zu zweit. Nicht einmal ein Begleitoffizier ist bei uns und auch nicht sein Koch. Nein, ich bin nicht mit einer anderen Frau unterwegs. Ich kenne leider keine, mit der ich diese Reise an den Rand der Leere hätte unternehmen können...

Zwei Tage schon. Seit zwei Tagen ergießt sich der Berg dumpf und grollend unaufhörlich in die Tiefe. Wir, David und ich, die wir die maßlose Unverschämtheit besessen hatten, zu glauben, der Gipfel wäre am nächsten Tag unser, kauern uns in den Schutz einer Eiswand. Wie Ratten in der Falle hocken wir hier, während von den Gipfelhängen die Schneewellen über uns hinwegbrausen. Wir können weder hinauf- noch hinabsteigen. Die Rinne, über die wir hochgekommen sind, verliert sich irgendwo unten, und ständig fegen Lawinen darin nieder. Die Luft in unserer winzigen, aus hauchdünnem blauen Nylon bestehenden Unterkunft, die sich unter den Eisüberhang drückt, reicht kaum zum Atmen. Gestern waren wir noch sicher, daß sie diese Tonnen von Schnee aushalten würde. Heute beschleicht uns jedoch der Zweifel. Am Himmel kein Hoffnungsschimmer. Werfen wir einen flüchtigen Blick nach draußen, beunruhigt uns das nur noch mehr. Schnee wirbelt durch die Luft. Wir müssen rasch den Eingang unseres Zeltes dichtmachen, damit uns der feine weiße Staub verschont, der das Zeichen für die nächste herabbrechende Lawine ist und die Lungen für immer einfriert. Öffnen – Schließen. Darauf beschränken sich unsere Aktivitäten.

Wir haben sogar vergessen, Schnee zum Trinken aufzutauen. Eine lebenswichtige Handlung in dieser extremen Höhe. Auf 7200 Meter eingeschlossen von Höllenwetter – und nichts in Sicht, was uns von dem angstvollen Warten erlösen könnte. Welche Lawine wird uns unter sich begraben?

Wie sind wir da hineingeraten? Das ist gar nicht so leicht zu beantworten, denn so ganz klar ist es uns nicht, warum es uns immer wieder in diese Höhen treibt.

David und ich klettern seit über zehn Jahren. Fast so lange, wie wir gemeinsam die Berge durchstreifen. Uns reizte nie so sehr der Erfolg, die Eroberung. Viel eher war es die alpine Erfahrung mit ihrer Einzigartigkeit, die uns so gefangen nahm. Auch wenn David das Felsklettern vorzog und ich mehr die großen Höhen mit Eis und Schnee, stand eigentlich der gleiche Beweggrund dahinter, nämlich die Suche nach Selbsterkenntnis. Die Grenzerfahrungen, die das extreme Bergsteigen immer wieder mit sich bringt, brechen psychologische Alltagsmuster auf und setzen die gewohnten Sehweisen und den einengenden Verstand für einige Zeit außer Kraft. Wir können dadurch erfassen, wie sehr doch die Tradition, die Erziehung und überkommenen Denkvorstellungen uns in unserem wahren Wesen beschneiden.

Im Laufe der Jahre haben wir, fast immer nur zu zweit, eine ganze Reihe von Gipfeln in den verschiedensten Ländern bezwungen. Das heißt aber nicht, daß wir sie als Punkte auf einer Leistungstabelle abgehakt hätten, wie es im modernen Höchstleistungs-Alpinismus der Fall ist. Wichtig war für uns immer nur die Begegnung mit einem Berg und unsere Reaktion darauf.

Ich hatte jahrelang gehofft, wieder nach Asien zurückkehren zu können. Mein Aufenthalt 1974 in Afghanistan hatte mich tief beeindruckt. Der Himalaja hatte uns bisher auch nicht wegen seiner phantastischen Dimensionen geschreckt, sondern wegen der fast unüberwindlichen Probleme bei der Genehmigung. Würde man uns beiden allein überhaupt die Erlaubnis für einen so hohen Gipfel geben? Was mußte man tun, um sie zu bekommen? Das war gar nicht so einfach herauszufinden. Der Expeditions-Alpinismus ist eine Art Geheimgesellschaft, in die man nur durch Beziehungen und Mauschelei hineinkommt.

Wir waren fast schon so weit, den Masherbrum heimlich zu besteigen. Dieser pakistanische Berg lockte uns wegen seiner besonderen Schönheit. Mit herrlichen Eckpfeilern beherrscht er, 7821 Meer hoch, den Baltoro-Gletscher – den berühmtesten Gletscher des Himalaja im Karakorum an der Grenze zu China hin. Ausschlaggebend war auch, daß der Gipfel über ein kleines, recht einsames Tal, das von Hushe, bestiegen werden konnte. So ließ sich der Baltoro mit all seinen Nachteilen vermeiden, nämlich dem Riesenrummel zahlreicher Expeditionen und den zwei Wochen langen Weg zum Basislager. Wir würden dann auch weniger Material brauchen, weil unsere paar Träger auf dem Anmarschweg bei Freunden und Verwandten in den Dörfern unterschlüpfen könnten.

Dann erschien uns bei längerem Nachdenken eine solche Bergpiraterie doch zu kühn. Es war wohl besser, sich in die geheimen Mechanismen einer alpinen Organisation einzuarbeiten und zu versuchen, die offizielle Prozedur etwas zu beeinflussen. Eine mitfühlende Seele unterstützte mich dabei.

Wenn ich mich richtig erinnere, waren sechs- oder siebenseitige Formulare in vierzehnfacher Ausführung auszufüllen, Briefe mit Bürgschaften und Empfehlungsschreiben mußten besorgt werden und noch alles Mögliche andere . . . später erfuhr ich in Islamabad, daß höchstens die Hälfte von allem erforderlich gewesen wäre.

Jedenfalls versicherte uns das Naser Ullah Awan, der Expeditions-
beauftragte im Ministerium für Tourismus. Er fand, er hätte es
mit Einzelreisenden zu tun und nicht mit Vertretern von Institu-
tionen. Für ihn waren die Alpinisten Touristen wie die anderen
auch. Er überprüfte nur, ob sie genug Geld hatten und sich an
gewisse Bestimmungen hielten.

Doch erst einmal wanderte die Akte von Ministerium zu
Ministerium. Wir fühlten uns inzwischen wie auf dem Abstell-
gleis. Würde es klappen oder nicht? Konnten wir Vorbereitungen
treffen?

Sechs Monate später forderte man uns in einem Brief auf, die
Hälfte der Summe für die Gipfelbesteigung zu bezahlen. Umsonst
ließ einen die pakistanische Regierung nicht auf einen Berg. Doch
das ist in anderen Ländern ebenso üblich. Wir zahlten an die 3500
Francs.

Der Masherbrum schien für uns also tatsächlich Wirklichkeit zu
werden. Bisher hatten wir für unsere Mini-Expedition nichts
getan. Jetzt hieß es, schnell alles zu besorgen, denn die Abreise
war für Ende Mai festgesetzt.

So einiges an Ausrüstungsmaterial besaßen wir bereits. Und für
eine Zweier-Seilschaft war der Aufwand doch ziemlich gering.

Wir planten, den Aufstieg über den Westgrat des Masherbrum
zu versuchen, der noch unbegangen war. Dieser endete in einem
jungfräulichen Gipfel von 7806 Meter Höhe, zuweilen als Masherbrum II bezeichnet. Von dort aus führte dann ein schöner
Kamm zum Hauptgipfel (7821). Ein kühnes Programm!

Und wir waren für all das nur zu zweit. Niemand, der im
Basislager zurückblieb und keine Hochträger. Wir wollten im
Westalpenstil klettern, das heißt, wir würden alles, was wir für
den Weg zum Gipfel brauchten, vom Tal an auf unserem Rücken
hinauftragen. Nichts von den klassischen Himalaja-Techniken

Tagesanbruch im Westen des Masherbrum

wie Lagerkette, zwischen deren einzelnen Stationen ein ständiges Kommen und Gehen herrscht, um Material und Proviant nach oben zu schaffen, wie vorbereitete Seilsicherung, Sauerstoffmasken und Funkgerät.

Diese superleichten Expeditionen in den Himalaja sind erst in letzter Zeit aufgekommen. Die Besteigung des Hidden Peak (8068 Meter) 1975 durch Reinhold Messner und Peter Habeler über eine neue Route und in einem Durchgang war der Beginn davon. Seitdem hat Messner noch Großartigeres vollbracht. 1978 ist er im Alleingang auf den Gipfel des Nanga Parbat gestiegen. Andere haben sich ebenfalls zur Leichtexpedition entschlossen. Zweier-Seilschaften ohne technische Hilfsmittel am Berg und ohne moralische Unterstützung im Basislager sind jedoch bisher äußerst selten geblieben.

Doch uns trieb keine bergsteigerische Weltanschauung und keine Sehnsucht nach Höchstleistung zu unserem Vorhaben. Viel eher wollten wir die Grenzen unserer Erfahrung ausweiten. Natürlich, es gibt auch andere Wege, das zu tun. Aber uns hatten eben die Berge gepackt. Außerdem hatte meines Wissens noch keine Frau das Schicksal mit einer so kleinen Seilschaft auf einen so hohen Gipfel herausgefordert. Ich wollte herausfinden, ob es einen vernünftigen Grund gab, der dagegen sprach.

Ein Aufbruch ins Ungewisse also. Klar war uns eigentlich nur, daß die Besteigung zu zweit einen viel höheren Einsatz verlangte, wir stärker aufeinander angewiesen sein würden und der Austausch von Erfahrungen unmittelbarer wäre.

Und wie unmittelbar er ist! Da hocken wir nun hier, eingeklemmt, fast schutzlos den Gewalten des Berges preisgegeben. Wir reden kaum noch. Jeder weiß, wie dem anderen zumute ist. Kein Glücksgefühl, den Gipfel erreicht zu haben, beflügelt uns, und wir fragen uns bang, ob wir je wieder in menschliche Regionen hinuntergelangen werden.

Dabei hatte sich unser Abenteuer vor zwei Wochen gut angelassen.

Die Sonne schält sich aus dem Dunst. Das Flugzeug gewinnt rasch an Höhe. Wir lehnen uns in unsere Sitze zurück und atmen erleichtert auf. 10. Juni. Wir fliegen endlich nach Skardu, einem ziemlich scheußlichen Nest hoch im Norden von Pakistan, mitten in den Bergen.

Unterwegs zu neuen Räumen! Wir konnten es kaum erwarten, Rawalpindi, oder Pindi, wie die Eingeweihten sagen, mit seiner fürchterlichen Hitze und dem vielen Staub zu verlassen. Zwei Wochen haben wir dort festgesessen. Es läßt sich nie im voraus bestimmen, wie lange so ein Aufenthalt dauern wird. Das hängt

14

Straßenszenen in Rawalpindi

15

ganz von der Willkür der Behörden ab. Jedenfalls sind die Formalitäten geeignet, jeden Alpinisten an den Rand der Verzweiflung zu bringen.

David war bald von dem zermürbenden Warten und den häufig sinnlosen Laufereien so geschafft, daß er es nicht einmal fertigbrachte, Bilder vom *Raja Basar* zu schießen, wie er vorgehabt hatte.

Geduldsprobe

Mir ging es besser. Ich mag es, wenn mich gleißendes Licht umfängt, angefüllt mit Myriaden feinster Staubkörnchen, die hier überall sind und unter meinen Füßen knirschen. Mich stört der Lärm der Autos nicht so, und ich sehe gern zu, wie die bauschigen Hosen der Männer im Wind flattern, während sie sich auf ihren Rädern durch das Gewühl schlängeln. Dann die gewundenen Gassen der Basare, die umherziehenden Obsthändler, die winzigen Buden, die sich aneinanderdrängen. Begegnung mit einer anderen Welt. Pindi hat zwar nicht den Charme von Kathmandu, aber wir hatten das Glück, Kaiser kennenzulernen, einen kauzigen, äußerst gastfreundlichen Pakistani.

Pindi bekommt, kaum daß man nicht mehr so sehr Außenstehender ist, einen ganz anderen Reiz. Entweder wir frühstückten mit der Tochter des Maharadschas von Khaplu auf Baltiart, dazu lief ein Film über die Kalash – ein Volk in der Gegend von Chitral – oder einer über die japanische Expedition auf den K 2 im Jahr 1977. Oder wir verbrachten einen Abend mit Tanzdarbietungen in Kalabjh, einer gebirgigen, erfrischend kühlen Gegend, drei Autostunden von Rawalpindi entfernt. Mein Gott, wie romantisch die

Im Basar von Rawalpindi

Feilschen gehört zum Geschäft

Pakistani doch sind, wenn der Mond hinter den Bäumen auf den steilen Hügeln hochsteigt!

Das alles ließ uns natürlich nicht ganz die Schikanen der Bürokratie vergessen. Offiziell waren alle Papiere in Ordnung. David war es sogar gelungen, den Preis für die Versicherung der Träger in Grenzen zu halten. Wir erfahren, daß die Amerikaner das doppelte hingelegt haben – dafür lacht man über sie!

Aber es blieb noch das Problem mit dem Begleitoffizier zu bewältigen. Da der Karakorum an der Grenze zu China liegt und es einige Grenzzwischenfälle gegeben hat, teilt die pakistanische Regierung allen Alpinisten für die Dauer der Expedition sicherheitshalber einen Offizier zu, der extra dafür von der Armee freigestellt wird. Er hat die Aufgabe, den Kontakt mit der einheimischen Bevölkerung unterwegs zu erleichtern. Als Gegenleistung muß er von den Bergsteigern eingekleidet und versorgt werden und außerdem einen Koch gestellt bekommen. Offensichtlich ist diese Auflage unmöglich zu umgehen, auch wenn man nur zu zweit unterwegs ist.

Nach einer Woche ließ sich endlich einer kurz bei uns blicken. Meine Güte, war der pedantisch! Er redete von Flagge, Funkgerät und all den Sachen, die wir nicht dabeihaben. Wir verabredeten uns für den nächsten Tag. Nach vier Tagen noch immer keine Spur von ihm! Das brachte uns sogar die Ehre eines Besuchs von Naser Ullah Awan vom MinTour, wie man das Ministerium für Tourismus in Bergsteigerkreisen nennt. Auch wenn die pakistanischen *mountaineering rules* es Mr. Awan ermöglichen, als kleiner Feudalherr aufzutreten, nutzt er seine Macht wenig aus. Im Gegenteil. Er half uns ständig mit seinem Rat. Seinem Ministerium ist nichts anzulasten, außer daß es zu viele Bestimmungen ersonnen hat und sich auch daran hält. Leider hat Mr. Awan keinen Einfluß auf den Flugverkehr nach Skardu. Allah allein weiß, wann die kleinen Maschinen sich in die Lüfte zu erheben geruhen. Ein paar dicke Wolken – und schon erschrecken sie und bleiben am Boden. Das Warten zerrt an den Nerven der Alpinisten hier. Denn die Gipfelgenehmigungen und das Visum sind zeitlich begrenzt.

Endlich lachte uns das Glück. Strahlendes Wetter. Wir könnten heute oder morgen?... abfliegen, wenn unser neuer Begleitoffizier auftaucht. Und er erschien tatsächlich. Groß, kräftig, nett, intelligent, jung – sechsundzwanzig – und viel gelassener als wir. Der einzige Fehler an Shaffique waren seine riesigen Füße. Die Schuhe, die wir für ihn mitgebracht hatten, waren viel zu klein. Unsere Expedition drohte zu scheitern. Da meinte Shaffique, daß seine Armeestiefel es doch auch täten.

Jetzt hielt uns nichts mehr in Pindi. Auf nach Skardu!

Im Flugzeug entsteht auf einmal ein aufgeregtes Hin und Her. Der Nanga Parbat! Alles drängt zu den Fenstern. Wir überfliegen den eindrucksvollen Riesen mit seinen beiden Flanken, der Diamir-Wand und der Rakhiot-Wand. Nanga Parbat! Ein magischer Name für alle Alpinisten. Er erinnert an den Beginn der Bezwingung der Achttausender. Über fünfzig Jahre lang hat er (8125 Meter) sich nicht erobern lassen. Er ist fast so etwas wie der Menschenfresser des Himalaja. Nachdem Albert Frederic Mummery 1895 den ersten Versuch unternommen hatte und verschollen blieb, wurde er für die Deutschen zum tragischen Berg. 1934 kamen Wieland, Merkl und der berühmte Welzenbach knapp unter dem Gipfel in einem Schneesturm ums Leben. Drei Jahre später wird eine ganze Mannschaft mit ihren neun Trägern von einer Eislawine begraben. Erst am 3. Juli 1953 gelingt Hermann Buhl, wovon zwei Bergsteigergenerationen träumten. Sein Vorstoß zum Gipfel war sensationell. Die letzten, rund 1400 Meter stieg er allein und ohne Sauerstoffgerät. Seitdem folgte eine Expedition der anderen. Neue Routen in der Diamir- und der Rupal-Wand wurden eröffnet. 1978 hat Reinhold Messner durch seinen Alleingang einen Markstein in der Geschichte des Himalaja gesetzt. Und jetzt, im Sommer 1980, teilen sich nicht weniger als drei Expeditionen den Berg.

Das Herz schlägt schneller beim Anblick dieser erhabenen Berge. Es wird ernst mit unserem Vorhaben.

Flughafen von Skardu. Zusammensuchen unseres Gepäcks. Hotel K 2. Alle Bergsteiger finden sich unweigerlich in diesem scheußlichen Steinbau in Hufeisenform wieder. Es existiert nur durch sie. Im Hof, da wo das Dach Schatten spendet, hocken an die zwanzig Männer, den Rücken an die Wand gelehnt, und warten auf Arbeit als Träger.

Kaum bin ich aus dem Jeep geklettert, spricht mich ein Pakistani an. Jeder hier weiß bereits, daß wir Franzosen sind. Der Mann war, wenn ich ihn richtig verstehe, im letzten Jahr Koch bei der französischen K 2-Expedition gewesen.

„Bernard, Yannick, my friends."

Dieses Jahr wird er die Amerikaner bei ihrer Expedition auf den Gasherbrum IV begleiten.

Wir wagen einen Schritt ins Hotelinnere. Dort geht es zu, als mache man sich klar zum Gefecht. Die Amerikaner, sieben kräftige, herumalbernde Typen, schleppen Kiste um Kiste... Sie vereinnahmen alle Gänge, breiten sich überall aus, quellen über. Sie sind damit beschäftigt, den Proviant für hundert Träger für zwei Wochen einzupacken. Sie werden dabei von einer Agentur, Walji Travel, unterstützt. 3000 Dollar müssen sie dafür berappen. Selbstbewußt durch ihre Herkunft und ihr Geld, zeigen sie nackte Arme und nackte Schenkel in einem Land, wo man seine Haut so wenig wie möglich entblößt, und kehren eine überhebliche All-wissenheit heraus. Ich bin nicht scharf darauf, diese Bergsteiger kennenzulernen.

Mit enormer Lautstärke ziehen sie sich gegenseitig auf, Schul-jungen, die zum erstenmal ausgeheckt haben, sich heimlich aus dem Internat zu schleichen. Der Rest zählt nicht, ist dummes Zeug. Pakistan? Die Menschen in dem Land? Dafür ist eine ihrer Hauptsorgen, auch ja immer abgekochtes Wasser zu bekommen. Später erfahren wir, daß einer von ihnen mit dem Hubschrauber von Concordia (dort, wo Baltoro- und Godwin-Austen-Gletscher zusammentreffen) abgeholt werden mußte. Grund: Typhus.

Wir werfen einen verwirrten Blick auf unsere paar Seesäcke. Sie wirken ärmlich angesicht der Kistenberge. Was brauchen wir auch schon? Proviant, ein bißchen Ausrüstung für den Begleitoffizier und seinen Koch und unsere Sachen, wie Zelte, Schuhe, Jacken, Kochgeschirr.

Erstaunt stellen wir hier wieder fest, daß die längst totgesagte Großexpedition noch recht munter am Leben ist. Schon in Pindi waren wir einer Menge Japaner begegnet, die in schmuddeligen Zimmern zwischen riesigen Gepäckhaufen unter den müde krei-senden Flügeln von Uraltventilatoren ihre klassische Expedition austüftelten: feste Lagerkette, Tonnen von Material, Scharen von Hochträgern, ausgeklügelte Strategie, vorbereitete Sicherungen, Sauerstoff, Funkgeräte.

Letzte Zuckungen einer überholten bergsteigerischen Tradi-tion? Absoluter Glaube an die Überlegenheit der Technik über die Natur? Trotzdem ist der Alpinismus unübersehbar im Umbruch, und der Leichtexpedition gehört die Zukunft. Was bleibt den neuen Generationen, nachdem alle Gipfel, auch über die schwie-rigsten Routen, bezwungen sind, eigentlich übrig, wenn sie neue Gebiete erkunden wollen? So hat der Alpinismus in den letzten

Wird der Proviant reichen?

Unsere bescheidene Ausrüstung

zehn Jahren doch ein recht anderes Gesicht bekommen.

Für David ist es der Aufbruch zu neuen Dimensionen. In der einen Richtung als Weg nach innen, als die Suche nach einer Art visionären Zustand, der nicht mit Trance zu verwechseln ist, sondern die geistigen und gefühlsmäßigen Fähigkeiten des Menschen erweitern soll. In der anderen ist es die Suche nach dem reinen Stil, das Sichbefreien von technischem Ballast. Bei beiden war der Südtiroler Bergsteiger Reinhold Messner Vorreiter. Er lehnt für sich alles an Hilfsmitteln ab, was „das Spiel kaputtmacht", was die unmittelbare Konfrontation mit der Natur und das totale Ihr-Ausgeliefertsein stört. Keine Bohrhaken in glatten Fels- oder Eiswänden, keine Heerscharen von Hochträgern, kein Fixieren von Seilen, um den Berg vorzubereiten, keinen Sauerstoff. Messner behauptet, er wolle keinen Wettbewerb am Berg. Das mag sein, aber im Grunde hat er nur die Bedingungen verändert, und die Konkurrenz geht für viele nur auf einer anderen Ebene weiter.

Richtig verstanden treffen sich letzten Endes jedoch beide Richtungen wieder. Durch den Verzicht auf die Technik macht sich der neue Alpinist autonom, er ist ganz auf sich selbst gestellt und läßt sich viel intensiver auf die Kultur und ihre Kraft, Schönheit und Gefahren ein. Verbeißt er sich nicht in ein Bezwingenwollen, in die Konkurrenz, und erliegt er nicht der Selbstbespiegelung, öffnen sich dem Alpinisten über den „reinen" Stil ziemlich von allein ungeheure Freiräume.

Der Masherbrum im Schatten von China

Die Amerikaner verbreiten noch immer Hektik.

„He, Steve, die Träger müssen ausgesucht werden!"

Im Hof herrscht Trubel. Zweihundert Baltis sind aus den Bergen heruntergekommen und setzen sich, nach Dörfern geordnet, in den Staub. Sie warten darauf, von Steve Svenson, dem Leiter der amerikanischen Expedition, angeheuert zu werden. Einige von ihnen haben Hefte dabei, in denen kurze Beurteilungen früherer Expeditionsleiter stehen. Keiner der Träger kann sie

Die Träger werden angeheuert

lesen. Aber alle sind ziemlich darauf angewiesen, sich ein paar Rupien zu verdienen.

Der Amerikaner geht, begleitet von einem Abgesandten des *Deputy Comissioner*, eine Art Präfekt, und jemand vom MinTour die Reihen entlang. Die Glücklichen, auf die seine Wahl fällt, werden registriert und müssen drei Formulare mit einem in Tinte getauchten Finger unterzeichnen.

Ich beobachte das Ganze vom Hotelfenster aus. Zeremonie mit strengen Regeln. Enttäuschung bei denen, die nicht angeheuert wurden. Schließlich liegen vier oder fünf Tage Marsch hinter ihnen. Vielleicht klappt es bei einer anderen Expedition...

Wir sind heute um 17 Uhr dran. Aber bei uns wird es ganz anders aussehen. Wir brauchen nur etwa fünfzehn Träger und wollen sie alle aus Hushe haben. Man hat uns schon drei aus dem Dorf vorgestellt, drei junge Männer. Ein weiterer, Mohammed Bashir, hat uns spontan seine Dienste angeboten. Wir denken nicht daran, ihn zurückzuweisen, besonders da er einen guten Eindruck auf uns macht. Den Koch, Mustag, haben wir bereits. Er kommt aus Saling. Zu sehen, wie sorgfältig er etwas packte, reichte uns völlig, um uns von seinem Können zu überzeugen.

Gegen Abend besuchen uns Patricia und Dick Emerson. Die beiden leben seit einem halben Jahr im Tal von Hushe, um Sprachstudien zu betreiben. Dick ist 1960 mit der siegreichen amerikanischen Expedition, die den Masherbrum über die Südseite bestiegen hat, zum erstenmal hergekommen. Er selbst hat nicht auf dem Gipfel gestanden, aber vier andere Teilnehmer sind in zwei Seilschaften am 6. und 8. Juli hinaufgelangt.

„Wir hatten Glück, die Rinne, die den Zugang zur Gipfelpartie bildet, mit guten Bedingungen anzutreffen. Sie hat eine Neigung von ungefähr 60°."

„Habt ihr nicht daran gedacht, eine andere Route zu suchen?"

„Nein. Wir hatten keine Bedenken gegen die Route, die die Engländer 1957 genommen haben. Schließlich sind Don Whilans und Walmsley bis auf 7650 Meter vorgestoßen. Sie hatten also nicht einmal mehr 200 Meter bis zum Gipfel. Sie fanden die Rinne in schlechtem Zustand vor und sind über eine der vereisten Felsrippen hochgestiegen, die diese im Abstand von etwa hundert Metern einrahmen. Deshalb brauchten sie auch sieben Stunden. Wir vertrauten einfach auf unser Glück, bessere Schneebedingungen anzutreffen. Und das klappte ja auch wirklich."

Der Masherbrum scheint unser ganzes Hotelzimmer auszufüllen. Wir lauschen gefangen dem Bericht. Die Route wird für uns zwar eine andere sein, denn wir wollen über den Westgrat aufsteigen, aber das Gipfelerlebnis ist bestimmt ganz ähnlich. Mir fällt ein, was Unsoeld darüber im *American Alpine Journal* schrieb: „Eine leicht zu kletternde Spalte im Fels macht es uns möglich, rasch den Schnee des Gipfelkamms zu erreichen, der dann, sanft ansteigend, zum Gipfel hinführt. Obwohl der Schnee griffiger Firn war, arbeiteten wir mit Seilsicherung, denn der Kamm fiel nach Westen steil ab. Noch einige Seillängen, und wir erreichten um Viertel nach drei am Nachmittag den Gipfel." So einfach klang das.

Und wir würden vielleicht auch bald oben stehen!

Vor diesem Erfolg hatte es zahlreiche Versuche gegeben. 1938 mußte eine englische Mannschaft bei 7300 Meter wegen Treibschnee und zu starker Kälte, die viele Erfrierungen verursachte, umkehren. Im April 1955 waren die Neuseeländer zweifellos zu früh aufgebrochen. Der Schnee und die Wetterbedingungen waren zu ungünstig, um den Gipfel zu erreichen. 1957 gab es den Beinahe-Sieg von Don Whilans, der sich überhaupt einen Namen als Gipfelbezwinger im Karakorum machte. Und dann, 1960, kam der wirkliche Sieg, der einzige bisher, übrigens. Seitdem ist noch

ein Amerikaner, Kalsey, 1975, hinaufgestiegen. Und im darauf-
folgenden Jahr haben es die Japaner auch ohne Erfolg über den
Westgrat von der Baltoro-Flanke her versucht. In diesem Jahr will
außer uns beiden noch eine Großexpedition aus Japan auf den
Gipfel. Sie hat sich die Nordseite vorgenommen, und wird, so wie
wir das sehen, wohl sehr schnell von Lawinen zur Umkehr
gezwungen werden.

Ein letztes Mal veranstalten die Amerikaner einen Riesenlärm. Es
ist 6 Uhr morgens, Mittwoch, 11. Juni. Abfahrt in großem Stil mit
Jeepkolonne.

Wir werden neun Stunden später nach Khaplu aufbrechen.

Nachdem wir Brennstoff (Kerosin), Zucker, *Atta* (Mehl) und all
die Sachen eingekauft haben, für die man hier eine Genehmigung
braucht, gibt es für uns keinen Grund mehr, noch länger im K 2 zu
verschimmeln.

Letztes Problem beim Einsteigen in den Jeep. David möchte
hinten sitzen, um zu fotografieren. Also klettere ich nach vorn
zum Fahrer. Aber nun wagt es kein Pakistani, sich neben mich zu
setzen. Sie klammern sich lieber für Stunden hinten fest. In Pindi
war es in den *Suzukis* (Sammeltaxis japanischer Herkunft) dasselbe. Wenn ich nicht irgendwo in der Ecke eingeklemmt, David
als Bollwerk davor, meinen Platz hatte, traute sich niemand
einzusteigen. Oh, die islamischen Männer!

Die Landschaft zieht an uns vorüber, überwältigend, phantastisch.
Kahl und karg. In der Talsohle poliert reißendes Wasser die Steine
glatt. Sand reicht bis an die Pfeiler eines in warmem Ocker
leuchtenden Felsens. Zwischendurch vereinzelt grüne Flecke –
Dörfer. Die holprige Wegstrecke ist stellenweise sehr sandig.

Wir begegnen zahlreichen Pilgern, Beutel über der Schulter, im

Aufbruch nach Khaplu

Wind flatternde weite Hosenbeine. Wir ziehen eine Staubfahne hinter uns her. Sie steigt wie dicke Federbüsche zum tiefblauen Himmel empor. Die Harmonie um mich herum durchdringt mich.

Dann ein Stockern, noch eines, und ein drittes Mal. Der Jeep bleibt stehen. Übrigens zum zweitenmal. Schmutz im Vergaser. Ein Tuch wird im Sand ausgebreitet, auf dem die Einzelteile des Motors nacheinander landen. Um die verstopfte Öffnung freizubekommen, zieht unser erfinderischer Koch kurzerhand einen Nagel aus seiner Sandale.

Neugierige Dorfbewohner

Langsam senken sich die Schatten ins Tal herab. Am Himmel gehen die ersten Sterne auf. Ein kalter Wind pfeift mir ins Gesicht. Der Jeep hat seinen Weg längst fortgesetzt. Er hatte auch keine andere Wahl, denn morgen wird die Straße wegen irgendwelcher Arbeiten gesperrt. Der Fahrer muß also noch heute nacht nach Skardu zurück.

Warmer, ruhiger Abend in Khaplu. Der Chef des *Rest House* serviert uns *Chapatis* (warme Teigfladen), verschiedene Gemüse und Tee.

Zum hundertsten Mal gilt es, die Säcke aus- und umzupacken, damit jeder fünfundzwanzig Kilo wiegt, die Last für einen Träger.

Die Chapatis werden zubereitet

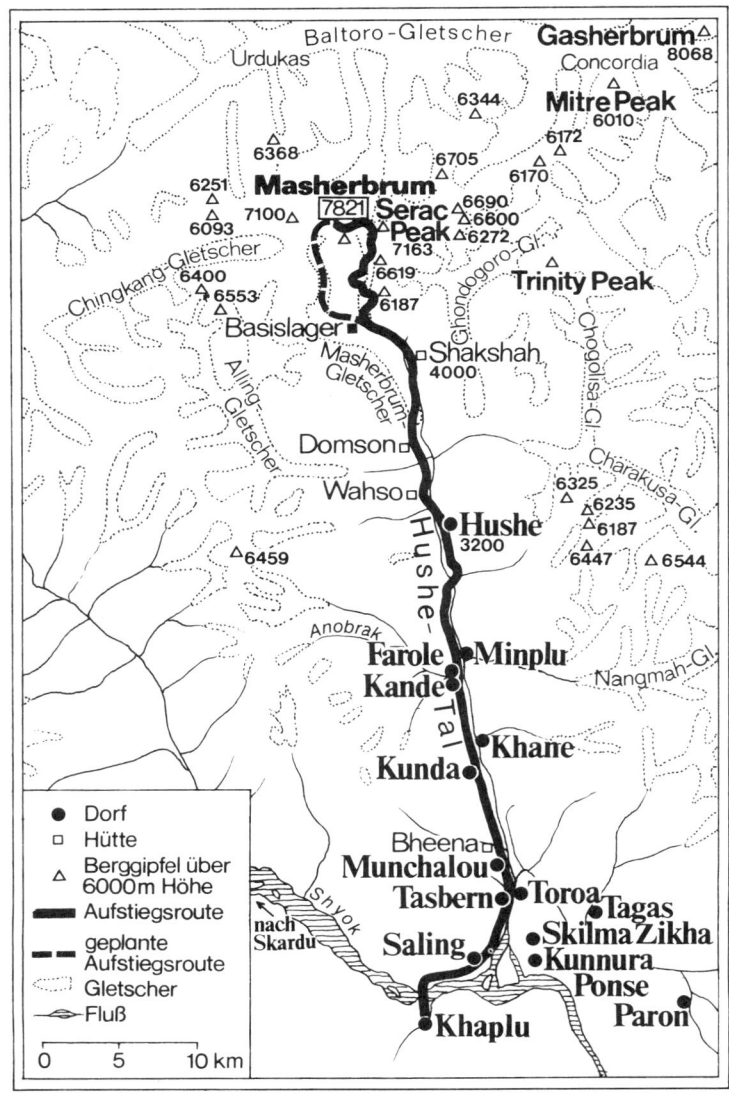

„Gib mir mal die Federwaage. Mit den fünf Kilo Kartoffeln müßte der Sack stimmen."

„Der Proviant für den Begleitoffizier und den Koch ist schon eingepackt. Hier hab ich nur noch diesen Leinenbeutel."

Unglücklicherweise verstaue ich ihn in dem Sack, in dem schon der Kerosinkanister steckt. Was ich nicht weiß: Es ist Salz in dem Beutel. Ich werde Mustags Gesicht nie vergessen, als er seinen Schatz mit den stinkenden Flecken übersät wiedersieht. Wie achtlos von mir!

Morgen sind wir endlich auf dem Anmarsch zu unserem Berg. Unsere Sorgen werden andere sein. Was sich dann als vergessen oder falsch gepackt herausstellt, ist auch nicht mehr zu ändern.

Inschallah!

Mit dem Zuk ins Abenteuer

Ich sitze auf einem Bett, vor mir ein niedriger Tisch, gedeckt mit lauter pakistanischen Speisen, einem Berg Chapatis, die so hauchdünn sind, daß man sie für Crêpes halten könnte, einer Platte voll gewürztem Reis, Gemüse, das wundervoll duftet und Ähnlichkeit mit Spinat hat. Aus einer anderen Schüssel, in der ein dickes braungebratenes Stück Fleisch in Soße schwimmt, steigen ebenfalls die himmlischsten Gerüche auf. Wir sind bei Mustag in Saling. Der kalkgetünchte Raum ist einfach eingerichtet: ein Bett, ein Tisch, ein dicker Teppich. Zwei Öffnungen nach draußen geben den Blick auf eine Kinderschar frei. Die Mädchen, in riesigen Schlabberhosen, schleppen ihren kleinen Bruder oder ihre kleine Schwester auf dem Rücken mit sich herum und zappeln und kichern und kreischen, wenn ich zu ihnen sehe. An unserem Tisch sind noch Medhi, der *Sirdar* (ein militärischer Titel), Shaffique, unser Begleitoffizier, und der Sohn des Maharadschas von Khaplu. Seine Schwester, die wir aus Pindi kannten, hatte ihm von unserem Kommen berichtet, und so war er am Fluß erschienen, wo wir mit dem *Zuk* eintrafen. Das ist eine Art Floß aus aufgeblasenen Ziegenhäuten, das den Fährdienst über den Shyok auf der Höhe von Khaplu macht.

Er hat sich für diesen Anlaß westlich gekleidet: gerade geschnittene Hose, Oberhemd. Mit seinen hellbraunen Haaren und blauen Augen könnte man ihn ohne weiteres für einen Europäer oder Amerikaner halten, wäre nicht sein rollendes, gurgelndes Englisch. Vater Pakistani, Mutter Engländerin, ist er in Khaplu auf dem Lehen seiner Familie aufgewachsen. Jetzt wohnt er mit Frau und Kindern auf einem großen Herrensitz, der, wie er erzählt, vor rund hundert Jahren erbaut worden ist und unweit von Saling inmitten von Aprikosen- und Kirschbäumen steht.

Das Unvorhergesehene beginnt jetzt mehr und mehr unseren Tagesablauf zu bestimmen. Ich bin gespannt, was uns die Zukunft so alles bringen wird. Auf den Kontakt mit den Menschen im Tal von Hushe, das sich in Nord-Süd-Richtung etwa über 50 Kilometer erstreckt und das wir bei unserem Anmarsch zum Masherbrum von Anfang bis Ende durchwandern werden. Welch Vorteil, keine Riesenexpedition zu sein, die nur auf den Gipfel starrt und für die kleinen Abenteuer rechts und links am Weg keine Augen hat.

Natürlich haben wir Station beim Sohn des Maharadschas gemacht – wie kann man in diesem Land Gastfreundschaft ausschlagen –, während die Träger schon nach Saling vorausgingen. Am Ufer des Shyok hat jeder von ihnen ein Paar stabile Turnschuhe, ein Paar Strümpfe und eine große Plastikdecke bekom-

Aufstieg ins Tal von Hushe

men, die ihn gegen Regen schützen soll, zusätzlich die unvermeidliche Last von 25 Kilo, die für eine Handvoll Rupien am Tag bis zum Basislager zu schleppen ist.

Es sind sechzehn Träger. Die Arbeit ist für sie relativ angenehm. Praktisch kein Gehen über Gletscher, nur für einen Tag, außerdem ist das Tal von Hushe ihre Heimat. In jedem Dorf, auf den Feldern und Wegen können sie Verwandte, Freunde und Frauen treffen. Die enttäuschten Gesichter von zwei sehr jungen Trägern, die wir dann doch nicht mehr brauchten, haben gezeigt, wie gern sie mitgekommen wären. Zum Trost gab es wenigstens Schuhe, Strümpfe und auch etwas Geld, um es wieder in Skardu versuchen zu können.

Nachdem wir mit Tee, Kirschen und frisch aus dem Shyok geholtem Fisch reichlich bewirtet worden waren, führte uns der Sohn des Maharadschas mit großem Pomp – er trug meinen Rucksack – zu Mustag, der uns mit dem bereits beschriebenen Mittagessen empfing.

Es schmeckt umwerfend gut. Diese Fülle von Gewürzen! Wenn Mustag uns damit eine Probe seines Könnens als Expeditionskoch geben wollte, können wir uns zu unserer Wahl nur gratulieren. Er ist einfach ein Genie!

Im Hof lassen sich jetzt die Brüder und Schwägerinnen blicken. Der Vater kommt uns begrüßen. Mustag verstaut einen Teller und zwei Gläser in seinem Rucksack. Äußerst sorgfältig natürlich – er ist eben auch ein Künstler im Packen. Obwohl Spitzenkoch, hat er doch noch nie an einer Expedition teilgenommen. Es war alles reiner Zufall... Er hatte gerade einen Bruder vom Flughafen abholen wollen, als wir ankamen. Ganz spontan war er auf die Idee verfallen, sich uns als Koch vorzuschlagen. David hatte sich ein bißchen von seiner leichten Speckschicht – eine Seltenheit bei den Baltis – verunsichern lassen. Wie würde er den

Mitten im Fluß eine Sandbank

Aufstieg zum Basislager schaffen? Es sollte sich herausstellen, daß Mustag von einer besonderern Zähigkeit war und sich auf dem Gletschergeröll mit der Gewandtheit einer Bergziege bewegte.

Während ich ein Stück Melone verspeise, denke ich, daß die Würfel gefallen sind. Keine Sorgen mehr, irgend etwas vergessen zu haben, alle bürokratischen Hürden sind genommen, wir haben ausreichend Träger, und die Fahrt über den Shyok ging ohne Zwischenfall vonstatten. Das Übersetzen hatte uns vorher etwas beunruhigt. In Skardu hatten wir nämlich gehört, daß vorige Woche ein Zuk durch heftige Strömung gekentert war. Ergebnis: vier Tote. Wir mit unseren Trägern und vierhundert Kilo Gepäck, die ans andere Ufer mußten, hatten also allen Grund, nervös zu sein.

Das Zuk ist ein empfindliches Gebilde, halb Boot, halb Floß, aus lauter aufgeblasenen Ziegenhäuten, auf die man ein Gestell aus Ästen gebunden hat. Es treibt fast von ganz allein vorwärts, nur wenig beeinflußt von den langen Stangen der vier Zuk-Schiffer. Mitten in dem Fluß liegt eine große, kieselbedeckte Sandbank. Man überquert sie zu Fuß, bevor man sich auf der anderen Seite erneut den tückischen Fluten anvertraut. Nach jeder Überfahrt müssen die Ziegenhäute wieder aufgeblasen werden. Alle helfen mit ihrem Atem und bringen auf ihren Schultern die Sachen in Sicherheit, nach denen der gierige Fluß schon greift.

Von einem Ufer zum anderen ist es ungefähr ein Kilometer. Die Männer müssen fünfmal hin- und herfahren. Inzwischen steht die Sonne recht hoch am tiefblauen Himmel. Das Wasser plätschert harmlos. In der Ferne die Berge von Ladakh.

Oh, so eine Überfahrt ist eine aufregende Angelegenheit. Wasser spritzt auf, man rutscht mit einem Fuß durch die Astkonstruktion, wird naß und kommt gefährlich ins Schwanken. Die Strömung ist stark, und die Stangen, mit denen die Männer gegen sie ankämpfen, scheinen auf einmal lächerlich, aber die Männer handhaben sie mit soviel Überzeugung und Kraft, daß wir schließlich ans andere Ufer gelangen, wo Träger und Lasten schon auf uns warten.

Ich lasse all die Bilder an mir vorüberziehen und genieße die Frische der Melone.

14 Uhr. Das Mahl ist zu Ende, der Begleitoffizier übernimmt sehr militärisch die Spitze der Kolonne. Es sieht zum Lachen aus. Er trägt noch immer die schwarze Samthose, die er sich in Pindi angezogen hat, dazu, mit stolzgeschwellter Brust, das wunderschöne Hemd aus schottischer Wolle, das wir ihm gegeben haben. Das Trüppchen setzt sich rasch in Marsch, jeder hat sich da eingereiht, wo er jemanden kennt. Nichts muß groß organisiert werden. Wir sind eben eine kleine, überschaubare Gruppe.

Nach jeder Überfahrt müssen die Ziegenhäute aufgeblasen werden

Die Zuk-Schiffer bei der Arbeit

Gehen . . . Ich bin gern zu Fuß unterwegs, allein schon, weil ich mich bewege. Die Richtung, das Ziel spielen nur eine untergeordnete Rolle. Ich habe immer eine Schwäche für Nomadenvölker gehabt.

Der Rhythmus der Träger ist viel ungleichmäßiger als unserer (sie gehen lieber schnell, um dafür öfter zu rasten), und so bleiben

Ein Balti-Träger mit seiner Last von 25 Kilo

wir bald allein zurück. Die grüne Umgebung von Saling mit ihren bestellten Feldern weicht bald einer wüstenhaften Landschaft. Zu unserer Rechten wälzt sich der Hushe River, der vom Masherbrum kommt, durch sein steiniges Bett. Weiter unten ergießt er sich in den Shyok.

Der Weg ist breit und steigt sanft an. Das Wetter verwöhnt uns.

In weniger als drei Stunden erreichen wir Munchalu, unser Etappenziel für den Abend, eine grüne Oase in einer dürren Landschaft. Der ziemlich große Marktflecken schmiegt sich an eine Bergflanke und ist von Aprikosenhainen umsäumt. Weiter weg erkennen wir terrassenförmig angelegte Kornfelder. Die Häuser sind alle in derselben Art gebaut: aufeinandergeschichtete

Steine als Mauern, darauf stämmige Balken, die ein flaches widerstandsfähiges Dach tragen. Auf diesen Dächern sieht man zur Erntezeit überall die goldgelben Tupfen der Aprikosen, die dort getrocknet werden. Aprikosen sind die Haupteinnahmequelle dieses Landstrichs. Der Ort wirkt recht wohlhabend, die Häuser sind sauber, einige weiß gekalkt.

Wir machen Pause in der Kühle schattenspendender Bäume. Aus den Bewässerungsgräben dringt munteres Gluckern. Die Leute hier haben ein ausgeklügeltes System entwickelt, durch das sie dem sonst so kargen Boden für einige wenige Monate eine erstaunliche Fülle an Vegetation abtrotzen.

Etwa ein Dutzend kleinere Jungen sind bei unserem Kommen davongelaufen und beobachten uns jetzt aus einigen Metern Entfernung. Auch die Frauen, die gerade von den Feldern zurück- kehren, wenden sich ab – zwar nicht so fluchtartig, aber doch mit Bestimmtheit. Ein paar Meter weiter bleiben sie ebenfalls stehen, Hacke über der Schulter, einen überdimensionalen Korb auf dem Rücken, barfuß, in einem kleidartigen dunklen Kittel, der bis zu den Knien reicht, darunter eine Pumphose, die die Spuren jahre- langen Tragens aufweist. Ein langer gerader Scheitel teilt ihre schwarzen Haare, die bei allen zu Zöpfen geflochten sind. Sie starren schweigend zu uns herüber. Wie immer rufen uns zwei, drei kessere Jungen ein paar englische Worte zu. Schnell versiegt die „Unterhaltung" wieder, denn ihre Englischkenntnisse ent- sprechen unseren in Balti. *Salamaleikum* (guten Tag), *acha* (ja), *medschu* (nein), *biabdschu* (Ei), *tscha* (Tee). Man darf das Balti, das wohl dem Tibetischen zuzurechnen ist, nicht mit Urdu, der Landessprache, verwechseln, das überall in den Städten gespro- chen wird. Das Balti ist keine Schriftsprache und kennt nur mündliche Tradition.

Baltistan gehört zu den vielen kleinen Königreichen, die vereint wurden, um Nordpakistan zu bilden. Es liegt im Süden des Baltoro-Gletschers und grenzt an das der Hunza im Westen. Es ist sicher, daß die Baltis in früheren Zeiten Verbindung mit dem chinesischen Teil der Region von Singkiang hatten. Trotzdem kann man nicht klären, ob sie tibetischer Herkunft sind. Seit 1963 ist die Grenze zu China stabil und verläuft genau über dem K 2. Die von Kaschmir ist leider nicht so friedlich, da Indien Gebiete davon für sich beansprucht, die eigentlich unter pakistanischer Obhut stehen. Ein ziemliches Durcheinander dort, was in der Vergangenheit öfter zu Grenzkonflikten führte. Das ist auch der Grund dafür, daß der Karakorum in den Jahren 1961 bis 1974 für Fremde geschlossen war. In der Zeit wurde keine Expedition in das umstrittene Gebiet gelassen.

Die Kinder und ein paar Frauen begleiten uns durch den Ort zum Rest House. Wir unterbrechen eine Männerversammlung mit unseren noch unsicheren Salamaleikums. Alle tragen die für die Balti und Hunza so typische mützenartige Kopfbedeckung aus Yakwolle mit Krempelrand. Mustag erwartet uns schon mit Tee. Von der großen Terrasse aus, die nach Indien blickt, überschauen wir Dorf und Tal. Eine dicke rote Abendsonne versinkt hinter den Bergzügen.

Ich zähle immer wieder leise auf: Indien, Ladakh, China, während meine Augen am Horizont entlangwandern. Bilder steigen in mir hoch, von diesen Namen wachgerufen...

Mohammed Bashir, ein junger Träger aus der Gegend, führt uns stolz zu den „Vergnügungseinrichtungen" des Dorfes, Hütten, eine dunkler als die andere, wo Männer sitzen und diskutieren. Bei unserer Ankunft wird ein ausgehendes Feuer erneut entfacht, und man bietet uns Tee an. In dem Halbdunkel sehen wir nur leuchtende Augen, sonst nichts. Da Medhi bei uns ist, klappt die Unterhaltung ein bißchen besser. Er möchte richtig Englisch

Menschen im Tal von Hushe

lernen. Unterwegs erzählt er uns noch oft von diesem Tal, das er
so liebt. Übrigens ist er ein hervorragender Steinbockjäger.

Die Packsäcke sind alle auf der Terrasse verstaut. Mustag hat
das Abendessen zubereitet. Zum erstenmal seit wir unseren Fuß
auf pakistanischen Boden gesetzt haben, ist es kühl und stock-
dunkel.

„Wie wird man Begleitoffizier?" erkundigt sich David bei Shaffique. „Muß man besondere Kenntnisse von der Gegend hier und
den Bergen haben?"

„Ich hab' mich nicht freiwillig gemeldet", erklärt Shaffique. „Die
Berge sind völlig neu für mich, und die Monate hier bringen mir
auch keinen Vorteil. Trotzdem werde ich mein Möglichstes tun,
Ihnen behilflich zu sein."

Shaffique ist wie immer ganz offen. In der folgenden Zeit war sein Mangel an Begeisterung für unsere Gipfel nie ein Hindernis bei unserem Vorhaben. An diesem Abend äußert er auch den Wunsch, nicht im Basislager bleiben zu müssen, sondern nach Hushe, dem letzten Dorf des Tals zurückkehren zu dürfen. Wir haben nichts dagegen. Einzige Bedingung: Er soll ab und zu zum Basislager hochsteigen und nach dem Rechten sehen.

Der Weg durch die Balti-Dörfer

Marzigon. Wir sind seit zwei oder drei Stunden in nördlicher Richtung unterwegs. Es ist zehn Uhr, und die Träger wollen jetzt wie üblich rasten, Tee trinken und Chapatis mit Ghee (eine Art Butterschmalz) essen. Einige von ihnen stammen aus diesem großen Dorf im Innern des Tals. Der Ort ist wie die anderen vom Rhythmus der Felder und der Aprikosenernte geprägt. Alle Bewohner scheinen auf den Beinen. Eine *Mimsahib* (weiße Frau) ruft in dieser Gegend doch große Neugier hervor. Ich sehe fast nur Frauen und Kinder. Die Männer sind als Hirten den Sommer in höhergelegene Gebiete gezogen. Scheues Lächeln, große erstaunte Augen. Die Baltis haben sich durch die vielen Bergsteiger eigentlich an Fremde gewöhnt, aber eine Frau aus dem Westen bekommen sie hier doch höchst selten zu Gesicht.

Mohammed Ibrahim entfaltet auf dem Dorfplatz im Schatten von Aprikosenbäumen zwei Stofftücher – eines für unseren Begleitoffizier (die Armee ist hier sehr geachtet), das andere für mich. Dieser Playboy (er hat einen eindrucksvollen schwarzen Bart und legt ganz offensichtlich außergewöhnliche Sorgfalt auf seine Kleidung) war Hochträger bei der französischen Expedition auf den K 2. Ehrfurchtsvoll zählt er die Namen „seiner französischen Freunde" auf. Im Augenblick umsorgt er uns aufmerksam und drängt unmerklich in die Rolle des Hilfs-Sirdars. Er hatte sich schon in Skardu um den Posten beworben, aber David hat ihm Medhi vorgezogen, der aus dem Tal stammt und mit der neuseeländischen Expedition zum Basislager hochgestiegen war.

Um uns scharen sich mit etwas Abstand die Dorfbewohner. Auf der einen Seite stehen oder hocken die kleinen Jungen und Mädchen, viele von ihnen mit schlafenden Säuglingen auf dem Rücken. Die Mädchen tragen kappenartige Kopfbedeckungen, fast dreieckig, aus sehr fest gewebtem Stoff, die sie mit Blumen schmücken. Etwas weiter stehen die wenigen Männer, die im Dorf zurückgeblieben sind. Ein Greis spinnt unbeirrt vor sich hin.

Die Frauen, deutlich von den Männern abgetrennt, bilden ein unruhiges Grüppchen. Ständig kommen Frauen von den Feldern, bleiben ein paar Minuten und entfernen sich wieder, wohl um im Haus zu arbeiten. Andere tauchen aus dem Ort auf, machen kurz Station bei uns und gehen in Richtung Äcker. Ihr Alltag hier besteht aus härtesten Strapazen. Wir begegnen ihnen immer wieder mit riesigen Kiepen voller Erde oder Brennholz auf dem Rücken, die bestimmt zwischen zwanzig und dreißig Kilo wiegen. Man traut diesen kleinen, dürren, fast verschrumpelten Wesen gar nicht diese Kraft und Zähigkeit zu. Meist ist es unmöglich, ihr Alter zu schätzen. Wir sind nur auf eine Einzige getroffen, die vor Gesundheit strotzte und herrliche weiße Zähne freilegte, als sie uns lächelnd Molke anbot. Sonst wirken die Menschen in dieser Region eher verwahrlost, schmutzig. Hygiene ist weitgehend unbekannt. Die Kindersterblichkeit liegt hoch. Den nächsten Arzt gibt es erst in Khaplu. Und an Medikamenten fehlt es.

Kaum habe ich ein Desinfektionsmittel und Tupfer hervorgeholt, um eine eitrige Wunde bei einem alten Mann zu behandeln,

Ich verarzte einen alten Mann

treten weitere Kranke zu mir: eine Frau mit ihrem Baby, ein Jugendlicher... eine lange Kette Hilfesuchender.

Der Anmarsch zum Masherbrum-Gletscher ist für mich ein sehr wichtiger Teil der Expedition. Wir lernen, soweit das unterwegs möglich sein kann, die Menschen dieses Tals kennen und tauchen in eine völlig andere Lebensform ein, bewegen uns in einer Vorzeit-Gegend, deren Bewohner fast alles entbehren, was bei uns überhaupt nicht wegzudenken ist. Trotzdem strahlen sie Zufriedenheit und eine ruhige Selbstsicherheit aus. Auch wir werden ruhiger, gelassener. Ohne Hast trotten wir dahin und verlieren allmählich etwas von unserem westlichen Dünkel und unseren starren Vorstellungen, wie die Welt zu sein hat.

Der nächste Ort ist Kande, auf der anderen Seite des Hushe

gelegen. Er ist über eine schwankende Brücke zu erreichen, die frei über dem Abgrund hängt und so unter unseren Füßen federt, daß sie uns bei jedem Schritt in die reißenden Wasser zu schleudern droht. Das Wetter, schon seit dem Morgen trist, wird nun richtig ungemütlich, als ein Nieselregen einsetzt, der alles elend und bedrückend erscheinen läßt. Zwei, sogar drei Gläser Tee reichen nicht aus, um uns aufzuwärmen, und so brechen David und ich nach kurzer Rast den anderen voraus nach Kande auf, das unsere Station für den Abend ist.

Wir können uns unmöglich verlaufen; der Weg ist breit und klar zu erkennen. Er folgt den Unebenheiten des Geländes, und wir gehen bergab und plötzlich wieder bergauf ... dicke, graue Wolken nehmen uns jede Sicht.

Griesgrämig sitzen wir auf einem Baumstumpf am Wegrand. Wir haben uns vor ein paar Frauen aus Kande zurückgezogen. Nach strengen Salamaleikums hatten wir den Eindruck, als verjagten sie uns mit einer eindeutigen Geste. Nicht die offene, lächelnde Annäherung wie in Nepal. Das Tal von Hushe ist praktisch eine Sackgasse, und das macht die Leute abweisender, weil sie in der Vergangenheit eigentlich kaum mit fremden Einflüssen in Berührung kamen. Aber haben wir die Handbewegung überhaupt richtig verstanden? Immer die Hilflosigkeit, wenn es an Sprachkenntnissen fehlt ...

Während wir noch darüber nachdenken, was die Frauen gemeint haben können, nähert sich uns ein Mann. Er ist viel größer als die meisten Baltis, denen wir begegnet sind, auch wesentlich sauberer und trägt die traditionelle pakistanische Kleidung. Nachdem wir uns gegenseitig zugelächelt haben, lädt er uns ein, Tee zu trinken. Nichts Schroffes, Ablehnendes diesmal.

Wir folgen ihm zum Dorf und in das Wirrwarr der Gäßchen, klettern eine Leiter hoch und nehmen unter einem *Tarpulin*, einer

Art Plane, Platz, die wie ein Zelt auf dem Dach des Hauses aufgespannt ist. Darunter schlafen, in die buntgescheckten pakistanischen Decken gehüllt, drei oder vier Männer. So genau ist das nicht zu erkennen. Heimlicher Siesta-Ort für die Männer, während die Frauen sich abrackern?

Nein. Es sind Hunzas, die ein Stück weiter flußaufwärts eine Brücke über den Hushe bauen sollen. Heute ist Freitag, der Tag des Herrn, Ruhetag für jeden guten Moslem.

Zum Tee gibt es *Paratha* (ähnlich wie Chapatis, meist aus gröberem Mehl), schön in Ghee ausgebraten. Mmh! Wo wir vor Hunger fast sterben! Der Rest der Truppe trudelt gegen 17 Uhr ein. Shaffique, tüchtig wie immer, organisiert rasch ein Dach für uns: auf dem Haus eines Mannes, der bei der pakistanischen Armee dient und Frau und Kinder im Dorf zurückgelassen hat. Sie werden für die Nacht zu Verwandten ausquartiert. Mustag hat bereits die Küche mit Beschlag belegt. Heute abend: Chapati-Parade mit Gemüse.

Während Mustag am Arbeiten ist, machen wir einen Spaziergang durchs Dorf. Von Ort zu Ort werden die Häuser jetzt kleiner und finsterer. Menschen hängen sich an uns, und bald müssen wir, verfolgt von den immer drängender werdenden Bitten: „Dawahi! Dawahi!" zu unserer Behausung umkehren. Shaffique erklärt uns gerade, daß sie nach Medizin verlangen, als schon ein stämmiger Kerl zu uns tritt und einen schwächlichen Greis von seinem Rücken herab auf den Boden gleiten läßt. Offensichtlich plagt den Mann etwas im Bauch. Er jammert leise, aber es ist unmöglich, nähere Angaben aus ihm herauszuholen. Ich bin keine Ärztin und wage es nicht, ihn abzutasten. Da ich keine Beschreibung der Symptome habe, ist Vorsicht geboten.

Ich kann nichts weiter tun, als dem Alten ein mildes Schmerzmittel zu geben, einem Baby eine halbe Tablette Intetrix und eine

Salbe für einen, der sich ständig die dunklen Flecke aufkratzt, die in seinem Gesicht sprießen. An sich wollen sie alle lieber Pillen als Salbe. Die kleinen runden Dinger scheinen für sie magische Kraft zu besitzen. Deshalb ist es auch oft viel wichtiger, sie bei sich zu tragen, als sie zu schlucken. In Hushe erlebe ich später, wie ein alter Mann, nachdem er Medizin von mir verlangt hat, voller Stolz einen Zipfel eines schmuddeligen roten Stoffetzens aufknotet, den er wie einen Talisman an seinem Herzen getragen hat. Zum Vorschein kommt eine beachtliche Anzahl von Tabletten, deren verschiedene Farben schon etwas verblichen sind. Er schwankt kurz zwischen zweien, schluckt dann eine mit Begeisterung, schließt sorgfältig das Stoffstück und verstaut es wieder an der Brust.

Chapati-Party. Das Feuer knistert. Mustag ist in die typische Hockstellung der Asiaten gegangen, die wir Westler nur kurze Zeit aushalten. Vor ihm liegt eine Teigkugel, aus Atta, Ghee und Wasser hergestellt. Sie ist in der Konsistenz ein bißchen weniger fest als unser Kuchenteig. Er formt aus dem großen Klumpen mehrere kleine Kugeln gleicher Größe. Dann nimmt er eine, drückt sie sanft mit der Faust platt, gleicht die Ränder aus und wirft das Gebilde mit exakt abgemessenen Bewegungen mehrmals von einer Hand in die andere. Das geht so blitzschnell, und der hauchdünne „Pfannkuchen", der dabei entsteht, ist makellos rund. Er legt ihn vorsichtig auf eine Art flachen Eisenteller, der zuvor im Feuer aufgeheizt worden ist. So nimmt er Kugel um Kugel in Angriff, beobachtet dabei aufmerksam den Backprozeß des gerade vorausgegangenen Chapati und kümmert sich auch noch darum, daß die Chapatis davor in der Glut locker und golden und nicht zu dunkel werden. Das alles geschieht bei ihm so schnell und geschickt, daß ich mich über die Schwierigkeit dieser Prozedur täuschen lasse. Ich versuche, es ihm gleichzutun. Der Teig rutscht mir aus der Hand. Das Ergebnis ist alles andere als hauchdünn und rund. Dabei hat Mustag zwischen zwei Chapatis noch die Zeit gefunden, uns eine Jagdpantomime aufzuführen. Er hält die Finger als Hörner vor die Stirn und zielt mit einem imaginären Gewehr, um uns zu erklären, der ausgezeichnete Jäger Medhi ist mit seiner Waffe losgezogen, Wildbret zu besorgen.

Meine vermurksten Chapatis hindern uns nicht daran, das köstliche Abendessen zu genießen, bei dem es auch Reis und *Dhal* (eine Art Linsen) und dazu natürlich eine herrlich duftende, höllenscharfe Currysauce gibt.

Der Gipfel zeigt sich

Aufstehen um 6 Uhr. Abmarsch um 7 Uhr. Die Planung unseres Begleitoffiziers wird immer anstandslos respektiert. Shaffique ist zwar, was die Organisation betrifft, recht militärisch, aber ansonsten bleibt er uns sympathisch, ist stets ausgeglichen und bevorzugt niemanden. Heute soll es bis nach Hushe gehen, ins letzte und am höchsten gelegene Dorf des Tals (3200 Meter). Von dort aus werden wir endlich unseren Gipfel, den Masherbrum zu Gesicht bekommen. Das eigentliche Abenteuer beginnt dann. Und auch die totale Ungewißheit!

Heute zeigt sich die Sonne wieder. Der Himmel ist wundervoll blau. Der gestrige Tag war also nur so etwas wie ein Unglücksfall, ein Versehen, und schönes Wetter ist hier die Realität.

Unser Marsch führt uns bergauf und wieder bergab. Wir haben den Eindruck, als würden wir uns unserem Ziel fast gar nicht nähern. Wieder eine Wegbiegung – und wir blicken überrascht auf eine riesige Brücke, funkelnagelneu, mit schwarzen und weißen Eisenverstrebungen, eine von diesen Konstruktionen, denen nichts Einheimisches mehr anhaftet, ein typisches genormtes Produkt von Brücken- und Straßenbauingenieuren. Bald werden also die Jeeps und Traktoren mühelos bis Hushe vordringen, und eine neue Zeit wird über die Bewohner hereinbrechen.

Morgendliche Rast unserer Träger im Lager der Brückenbauarbeiter. Es ist kurz vor 10 Uhr. Tee macht die Runde. Die unterwegs gebackenen Chapatis ähneln unserem Landbrot, nur daß es nicht so locker ist. Sie werden mit Ghee bestrichen verschlungen.

Shaffique hat sich am Rand der Gruppe ausgestreckt. Er fühlt sich offensichtlich nicht gut und bittet auch um Aspirin. Fieber – und das jetzt schon! Wir verabreichen ihm zusätzlich noch eine Dosis Vitamin C. Weder David noch ich haben viel Ahnung im Umgang mit Medikamenten. An sich verlangt die pakistanische Regierung, daß bei jeder Expedition ein Arzt dabei ist. Davids Ausweis vom Erste-Hilfe-Kurs mit schönen Stempeln fand zum Glück Anerkennung. Wir sind ja auch nur zu zweit. In Pindi haben wir mehrere japanische Expeditionen getroffen, die festsaßen, weil sie gedacht hatten, sich um diese Vorschrift herumdrükken zu können. Doch Mißachtung behördlicher Formalitäten zahlt sich auch in diesem Land nur selten aus. Besser ist es, man zeigt Bereitwilligkeit, sich den Umständen zu fügen. Schon wird das Ohr des Gegenübers offener, und alles arrangiert sich – inschallah – nach einiger Zeit fast von allein.

Shaffique marschiert wie alle anderen weiter, doch er hat seinen Rucksack einem Träger gegeben. Hushe kann nicht mehr weit sein. Die Berge sind dichter aneinandergerückt und ragen höher auf. Die Gegend wird schroffer, wuchtiger und zugleich kesselartiger. Der Weg steigt steiler an. Unter uns die terrassenförmig angelegten Felder. Eine Patchwork-Landschaft.

Dann, nach etwa zehn Minuten, erkennen wir Hushe, eingeklemmt zwischen zwei Berghängen. Der Masherbrum ist noch immer unsichtbar. Wir lassen unseren Begleitoffizier an einer Ambulanz-Station zurück. Naiv nehmen wir an, irgendeine medizinisch ausgebildete Person würde sich da schon um ihn kümmern, und setzen unseren Weg in Richtung Dorf fort. Wir haben es uns viel größer vorgestellt. Jemand erzählte uns etwas von an die fünfhundert Einwohner. Wo sollen die nur stecken? Vielleicht hat sich der Ort eingeigelt, um sich gegen das unwirtliche Draußen zu schützen. Der Winter muß hier sehr hart sein.

Wir nähern uns einer Art Festung aus Dutzenden von kleinen Häusern, die sich aneinanderdrängen, als wollten sie sich gegenseitig wärmen oder schützen. Sie säumen ein unentwirrbares Netz von dunklen Gäßchen, die noch enger als die eines Basars oder einer Kasbah sind. Hilflos bleiben wir am Eingang stehen.

Kinder kommen heran – einzeln, schüchtern. Dann taucht ein recht junger Mann in einem dunkelroten Mantel auf. Die Farbe erstaunt uns, ebenso wie seine Größe. Die Stoffe dieser Region sind normalerweise ungefärbt, also beige, grau, braun oder fast schwarz, entsprechend der Fellfarbe der Ziegen, Schafe und Yaks. Auch sind Männer seines Alters um diese Jahreszeit selten in den Dörfern anzutreffen. Sie durchstreifen entweder die Berge nach guten Weiden oder arbeiten als Träger bei irgendeiner Expedition.

„Masherbrum? Masherbrum?"

Er gibt uns ein Zeichen, ihm zu folgen. Wir gehen hinter ihm her durchs Dorf. An manchen Stellen sind die Gassen praktisch überdachte Gänge. Wir tauchen am anderen Ende des Labyrinths wieder auf und entdecken vor uns, am Schluß des Tals, den Masherbrum. Es ist das erstemal, daß wir ihn klar und unmittelbar vor uns sehen. Unser Herz schlägt höher.

Der herrliche Westgrat hebt sich deutlich gegen den Himmel

ab, und die majestätische Südwand beherrscht mit ihrem gleißenden Schnee das ganze Tal. Sicher ist dieser Anblick für uns Alpinisten mit ganz anderen Gefühlen verbunden als für diesen Balti, der mit dem Daumen auf das gewünschte Objekt zeigt. Und für die ersten Erforscher dieser Berge mag er wohl wiederum anders gewesen sein. Wir betrachten den Berg mit einer Mischung aus Ehrfurcht und Maßnehmen. Selbstgesuchtes Wagnis. Herausforderung. Was werden unsere Erfahrungen sein?

Auch wenn der Masherbrum von der Höhe her nur den achten Rang belegt, so gehört er doch zu den bedeutendsten Bergen des Baltoro. Da er auch am besten zu sehen ist, spielt er im Leben der Einheimischen hier in den Dörfern eine große Rolle. Nur noch der Nanga Parbat nimmt unter den höchsten Gipfeln eine ähnliche Bedeutung ein. Der K 2, der Broad Peak und der Gasherbrum sind erst an die sechs Tagesmärsche vom Tal entfernt zu sehen. Deshalb haben sie für die Baltis auch keine Wichtigkeit.

Zwei Jahre lang hat man den Masherbrum sogar für höher als den K 2 gehalten. Sein anderer Name, K 1 (das K steht für Karakorum) beweist das. Er wurde ihm 1856 von Captain Montgomery, Vermessungsoffizier beim Britischen *Survey of India*, gegeben. Doch er hatte die Messung gut 200 Kilometer von der Karakorumkette entfernt auf den Hügeln im Norden von Srinagar vorgenommen, von wo aus der Masherbrum von allen Bergen des Karakorums am klarsten zu sehen ist. Erst später, als Montgomery genauere Vermessungen nach dem Prinzip der Triangulation durchführte, stellte er fest, daß der K 2 der höhere Berg war. Bei den Baltis hat es für den K 2 auch nie einen Namen gegeben. Die meisten von ihnen haben ihn nie gesehen, und so war und ist er ohne Einfluß auf ihren Alltag.

Ganz anders der Masherbrum, was auf Balti „Schneewand" heißt. Nach ihrer Vorstellung wacht er über das Wohlergehen des

Der Masherbrum (7821 m)

ganzen Tals von Hushe, über die Hochweiden bis zu den Aprikosenhainen von Saling. Die herausragende Stellung des Masherbrum wird schon aus der Luft deutlich, wenn man mit dem
Flugzeug von Skardu kommt. Ist der Nanga Parbat im Westen erst
einmal umflogen, überquert man die Deosai Mountains, und
danach wendet sich die Maschine nach Osten ins Indus-Tal. Von
den großen Gipfeln des Baltoro ist dann der Masherbrum der
dichteste und eindrucksvollste.

Oh, ist er schön! Noch überwältigt von unserer ersten näheren
Begegnung mit unserem Gipfel, trotten wir zurück in Richtung
Ambulanz-Station. Plötzlich ruft uns eine Frau etwas in tadello-
sem Französisch zu. Verwirrt blicken wir uns um. Eine Japanerin!
Sie hat zwei Jahre in Frankreich gelebt und ist jetzt mit ihrem
Mann hier, einem Professor für Urdu in Japan. Er war vier Jahre

Kulturattaché in Karachi. Sie treiben für etwa vierzehn Tage Sprachstudien in Hushe, während die anderen Japaner, mit denen sie gekommen sind, auf dem Chogolisa herumklettern.

Unvermutet taucht Shaffique auf. Er erklärt David, daß er, wie schon angekündigt, absolut keine Lust hätte, im Basislager auf unsere Rückkehr zu warten. Er hat guten Grund dazu, wie sich herausstellt. Denn er hat ein Haus ausfindig gemacht, das er den Sommer über bewohnen kann. Es grenzt an die Ambulanz-Station, ist einfach, aber außerordentlich sauber. Zwei Zimmer, eine Küche, ein notdürftiges Bad und sogar eine Toilette mit Wasserspülung. Ein unvorstellbarer Luxus in dieser Gegend. Der Neubau ist an sich als Unterkunft für den umherreisenden Arzt bestimmt, aber offensichtlich kommt hier nie einer vorbei. Die Ambulanz-Station ist leer und doppelt abgeschlossen. Was das Gebäude betrifft, haben die Planer ja schon Beachtliches geleistet, nur mit der medizinischen Versorgung hapert es noch. Guter Wille und Machbarkeit sind eben zwei verschiedene Dinge.

Wir ziehen zum Eingewöhnen für diese Nacht unser Zelt vor. Unterhalb des Dorfes erstreckt sich am Fluß entlang eine wundervolle Wiese. Das Wasser dort soll nach Auskunft der Japaner das sauberste sein, das man im Ort bekommen kann. Der Sand, der es trübe färbt, stammt nur von den heftigen Regenfällen von gestern.

Unser Stoffhäuschen macht neugierig. Kaum ist eine Stunde vergangen, als uns eine Kinderschar umringt. An die zehn kleine Jungen trauen sich näher und versuchen ein Gespräch mit uns anzufangen. Abdullah, der älteste von ihnen, beherrscht ein paar Brocken Englisch und gibt uns kühn einen Kurs in Urdu und Balti. Natürlich gehe er in die Schule, verkündet er uns stolz, aber die sei doch nur vormittags. Wir kommen auch auf die Emersons zu sprechen, das amerikanische Ehepaar, das wir in Skardu getroffen haben. Sie hätten schon öfter Station in Hushe gemacht, er das erste Mal 1960 mit der siegreichen amerikanischen Expedition auf den Masherbrum. Hat er sich damals in den Ort hier verliebt? Seine Frau Patricia scheint hier sehr verehrt zu werden.

Die Bewohner von Hushe zeigen sich freundlich, offen. Die Frauen, die von den Feldern heimkehren, bleiben bei uns stehen, beobachten uns, und einige treten sogar näher. Sie tragen alle Kleider aus dunklem, grobgewebtem Stoff und dazu fast immer die merkwürdigen kleinen spitz zulaufenden Hauben, besetzt mit rosafarbenen Blumen, die unseren Christrosen ähneln. Die matte, gelbliche Gesichtsfarbe der Frauen und das Grauschwarz des Stoffs verstärken noch die Leuchtkraft der Blüten. Einige von ihnen klagen über Schrunden an den Händen und im Gesicht. Ein Großvater bringt uns einen Säugling, der mit Pusteln bedeckt ist. Die kleinen Jungen fangen auf einmal das Singen an und tanzen wild herum. Geübt im Festefeiern? Jedenfalls bewegen sie sich erstaunlich geschickt und harmonisch.

Zu unserer Überraschung stimmen sie ein französisches Volkslied an. Wir brauchen zwar eine Weile, um zu merken, was es ist. Sie ziehen, jeder mit einem schönen Filzschreiber, zufrieden ab.

Ein bißchen später erscheint die Generation der Dreizehn- bis Fünfzehnjährigen. Sie haben ganz andere Wünsche. Es ist das Alter der Zigaretten und „tapes". Sie haben offensichtlich durch andere Expeditionen und die Emersons Bekanntschaft mit Kassetten gemacht, und jetzt gehören die Bänder auch ohne Rekorder zu den begehrtesten Geschenken.

Erstaunlich ist für uns immer wieder, wieviel Zeit hier jeder trotz harter Arbeit für den anderen findet. Man redet in Ruhe miteinander, besucht sich, trinkt Tee... alles ohne Hast. Shaffique kommt, um uns seinen Freund vorzustellen.

„Das ist Ali. Er ist seit ein oder zwei Jahren Lehrer hier in Hushe. Da er überhaupt kein Englisch spricht, will ich ihm vorschlagen, ihm jeden Tag ein bißchen Unterricht zu geben."

Voller Tatendrang, unser Begleitoffizier! Schon hat er sich also etwas einfallen lassen, um hier nicht unnütz herumzusitzen. Er schleppt seit Pindi sogar ein Radio und mehrere Bücher mit sich herum – eines davon über Napoleon!

Der letzte Besuch, den wir am Abend bekommen, ist der von Medhi. Er bringt uns einen Berg noch heißer Chapatis von Mustag. Er strengt sich tüchtig an, Englisch mit uns zu reden. Wir mögen ihn sehr gern und schätzen seine Kenntnisse über dieses Land. Auf die Weise erfahren wir eine Menge über die Bewohner, die Bräuche und die Fauna und Flora des Tals von Hushe.

Ein letzter Blick für diesen Tag auf den Masherbrum. Er ist noch klar zu sehen und schimmert eisblau, während das Tal bereits im Nachtdunkel liegt.

Der Masherbrum in der Abenddämmerung

NÄHERE BEKANNTSCHAFT

Die Welt der Hirten

Sonntag, 15. Juni. Unser Weg führt uns heute ins Reich der Hirten, auf die grünen Almmatten. Wir müssen bis Shakshah kommen, das mit 4000 Meter Höhe das höchstgelegene Hirtenlager weit im Umkreis ist.

Die Baltis leben vom Ackerbau, aber auch von größeren Herden, die den Sommer über in den Bergen umherziehen. Die Tiere sind Ziegen, Schafe und Yaks. Im Frühjahr, wenn der erste Schnee geschmolzen ist, nimmt der Hirte seinen Wanderstab und begibt sich mit seiner Herde auf die Suche nach gutem Weidegebiet. Die nächsten Monate bildet er eine regelrechte Einheit mit seinen Tieren. Seine Kleidung ist aus der Wolle der Tiere gewebt, er trinkt ihre Milch, ißt, wenn eines der Tiere geschlachtet werden muß, ihr Fleisch und lebt ihren Rhythmus. Genau wie sie ist auch er von der Güte des Grases abhängig. Hat er Glück, und die Wiesen sind saftig, kann er sich einige Wochen an einer Stelle niederlassen und es sich gemütlich machen. Dann schichtet er im Rund Steine aufeinander, verschließt die Öffnung zum Himmel und zimmert, wenn ihm genügend Zeit bleibt, auch noch eine kleine Tür aus Holz. Abends wärmt und erhellt Feuer die winzige Hütte, und er bäckt seine Chapatis darin. Ist das nächste Jahr das Gras in der Gegend wieder gut, kommen weitere Hirten und Hütten dazu. So entsteht ein Hirtenlager. Man gibt Namen: Shakshah, Shospan, Domson... Bleibt die Herde lange dort, vertraut man sie den Frauen an, die in regelmäßigen Abständen die Almstationen aufsuchen, Mehl und Fett bringen und Joghurt zubereiten. Wenn die Weide erschöpft ist, ziehen die Hirten mit ihren Tieren weiter. Die Berge sind so weitläufig, daß sich immer ein Winkel mit saftigem Gras finden läßt.

Hushe liegt hinter uns, und wir gehen am rechten Ufer bachaufwärts. Das Wasser ist reißend. Unser Weg führt uns ein ganzes Stück an den mannshohen Steinmauern der Terrassen entlang, wo Roggen und Weizen wachsen. Die kleinen Ähren sind noch ganz grün und stehen niedrig.

Plötzlich verbreitert sich das Tal und läßt Platz für hübsche Waldstücke und Sandkuhlen. Immer wieder begegnen wir Männern, besonders aber Frauen, beladen mit riesigen Lasten von Holz, die weit mehr als die üblichen zwanzig, fünfundzwanzig Kilo wiegen müssen. Kein Wunder, daß die Frauen hier, die diese Schlepperei neben der Feld- und Hausarbeit erledigen müssen, sehr schnell altern. Ihre Kleidung ist meist so schmutzig, daß man die ursprüngliche Farbe gar nicht mehr erkennen kann. Sie hüllen sich hier gegen Hitze, Kälte und Wind zusätzlich in einen großen Schal aus dunkler Wolle, so daß nur noch die strahlenden Augen und die leuchtenden Blumentupfen an den Hauben diese kleinen, beinahe formlosen Gestalten auflockern und freundlicher machen. Uns erstaunt aufs neue ihre Zähigkeit und Lebendigkeit. Fast alle legen die Strecke von Hushe nach Domson und retour fast täglich zurück... und das mit diesen enormen Lasten!

Domson, wo wir nach gut zwei Stunden Marsch ankommen, ist ein wichtiges Hirtenlager, ja eigentlich fast ein Sommerdorf. Es umfaßt fünfunddreißig Hütten und liegt dort, wo die Täler von Hushe, Ghandogoro und Alling zusammenlaufen. Daher ist hier in den schneefreien Monaten eine Menge los. Das Wetter zeigt sich von seiner besten Seite. Aber bei der Wärme plagt mich der

Die Frauen müssen riesige Holzlasten schleppen

Stich am Auge ziemlich heftig. Ich bin heute morgen mit einem total verschwiemelten Auge aufgewacht. Das Lid ist so dick, daß ich es überhaupt nur einen winzigen Spalt aufbekomme.

Hinter Domson verengt sich das Tal sehr stark, und das Gelände beginnt steil anzusteigen. Zwei ockerfarbene Berge hüten den Zugang wie zwei Sphinxe. Wir bahnen uns unseren Weg durch Niederwald und dorniges Gestrüpp. Dann müssen wir den Hushe überqueren – eine wackelige, nicht ganz ungefährliche Angelegenheit. Die Hirten haben einfach von einem Ufer zum anderen einen fast unbehauenen Baumstamm gelegt. Das ist die einzige „Brücke", die nach Shakshah führt. Der Pfad wird immer gebirgiger und windet sich den Rücken einer Seitenmoräne hoch. Der Masherbrum ist von hier aus nicht zu sehen. Aber wir haben ihn heute morgen noch ausführlich betrachtet. Der Westgrat wirkt recht stolz und unzugänglich, manche Abschnitte sind sehr steil. Das hat uns überrascht. Diese Route scheint auch vorherrschend felsig zu sein. Auf den wenigen Fotos, die wir bisher gesehen hatten, war uns alles harmloser vorgekommen. Aber vielleicht gibt es hinter dem Gratband, auf der uns abgekehrten Seite, Schnee?

Allmählich wird um uns herum alles immer karger. Die Vegetation besteht nur noch aus ein paar dürren Sträuchern, manche davon mit den hübschen rosa Blüten, und aus Büscheln eines widerstandsfähigen, stellenweise herrlich würzig duftenden Grases. Hier oben machen sich die Temperaturunterschiede zwischen Tag und Nacht bereits empfindlich bemerkbar. Tagsüber hat es an die 30°C, während es nachts häufig schon friert. Wir sind auf 4000 Meter Höhe.

Der Gletscher beherrscht den Talschluß. Doch das Chaos von grauem Steinschutt, das ihn überzieht, nimmt ihm viel von seiner Majestät. Einziges Zeichen seiner Würde ist ein funkelndes

Der Gletscher beherrscht das Talende

silbernes Lichtband, da wo der Hushe dem Eis entspringt und seinen Lauf mit einem freien Fall durch die Luft beginnt.

Auf dem anderen Ufer ragen aus sanfteren Hängen riesige Geröllbrocken. Das Gras kämpft sich mühsam aus dem Boden. Verspäteter Frühling. Darüber erheben sich mehrere schneebedeckte Berge. Schöne kleine, namenlose Gipfel von weniger als 6000 Meter.

Wir passieren ohne Schwierigkeiten mehrere Schluchten, ausgetrocknete Betten von Wildbächen, die mit der Schneeschmelze zu reißenden Wassern werden. Wie immer legen die Träger eine halbe Stunde bis höchstens eine Stunde lang einen Höllentrab vor, um dann zu rasten. Ihnen scheint dieser abgehackte Rhythmus, der allen schönen Regeln europäischen Berggehens spottet, absolut nichts auszumachen.

Unvermittelt liegt Shakshah vor uns. Am Fuß einer breiten und steilen Felswand kleben an die fünfzehn kleine Steinhütten. Das Lager ist jedoch fast geräumt. Nur ein paar Hirten mit etwa dreißig *Dzongs*, das sind junge, zwei- bis dreijährige Yaks, sind noch dageblieben. Die Baltis haben für den Hirtenbereich einen erstaunlichen Wortschatz. So benutzen sie mindestens drei Bezeichnungen für das dichtbehaarte Rind, das sie erst wenn es erwachsen ist, also im Alter von ungefähr sieben Jahren, Yak nennen. In Kürze werden auch die Dzongs die Almen hier verlassen und zu einem neuen Weidegebiet ziehen müssen.

Ein eisiger Wind fegt über den Boden. Wir stellen die Zelte auf. Heute abend wird auch Shaffique im Zelt schlafen. Die Träger haben sich schon in die Steinunterkünfte zurückgezogen und machen Feuer, um sich mit Tee aufzuwärmen.

„Ist es nicht eigentlich üblich, daß die Expedition den Trägern zum Abschluß einen Hammel spendiert?" erkundigt sich David bei Shaffique.

„Das ist, glaube ich, keine Vorschrift, aber es wird wohl häufig am Ende eines Anmarsches so gehandhabt. Die Träger essen nur selten Fleisch, und so ist es für sie eine gute Gelegenheit, welches zu bekommen."

„Gut. Aber wo soll ich hier oben ein Tier kaufen? Im Moment sehe ich nur Yaks."

Shaffique lacht.

„Ibrahim oder ein anderer wird bestimmt nichts dagegen haben, wieder nach Domson hinunterzugehen und ein geeignetes Tier zu organisieren."

Kaum gesagt, schon getan. Für den Betrag von 300 Rupien hören wir es einige Stunden später in der Dunkelheit meckern. Aber die Träger bringen keinen gewöhnlichen Hammel, sondern eine hinreißende kleine schwarze Ziege, die alle begeistert außer mich. Ich grause mich vor Fleisch und bekomme nicht den geringsten Bissen hinunter, wenn ich so ein entzückendes Tier vorher lebendig gesehen habe.

Auf der Suche nach einem Platz für das Basislager

Heute abend müßten wir an unserem Basislager sein. Die letzte Etappe unserer langen Anreise also. Drei Wochen ist es her, seit wir von Paris abgeflogen sind, fünf Tage liegen seit Khaplu hinter uns und zwei seit Hushe. Bei jeder Station schrumpft unser Universum mehr zusammen. Aber es konzentriert sich andererseits, wird intensiver.

Hinter Shakshah hört jeder Weg, jeder Pfad auf. Wir wollen uns unsere Route über das Geröll der Moränen suchen, bevor wir uns in das Chaos des Gletschers wagen.

Unsere kleine Truppe ist um den Jäger aus Hushe angewachsen. Shaffique hat ihn beordert, seinen Rucksack zu tragen. Es ist der große junge Balti, der uns den Masherbrum bei unserer Ankunft im Dorf gezeigt hat. Jetzt hat er seinen dunkelroten Mantel mit einem schweren Gürtel hochgeschnürt, und ein Band hält sein dichtes schwarzes Haar zurück. Wenn er lacht, legt er herrliche Vampirzähne frei. Das Gewehr über die Schulter gehängt und einen kleinen Benzinkanister aus Plastik in der Hand, zusätzlich Shaffiques Rucksack auf dem Rücken, gibt er ein recht ungewöhnliches Bild ab. Er kennt die Berge wie seine Westentasche. Bei jeder Rast auf der Moräne suchen Medhi und er die steinigen, teilweise noch schneebedeckten Rinnen nach Bergschafen, *Markhoors* (Schraubhornziegen) und Steinböcken ab. Wir haben keine

Ferngläser dabei, die ihnen die Arbeit erleichtern könnten. So bleiben die Gewehre unbenutzt. Ich bin die letzte, die sich darüber beklagt. Das Wildbret fehlt mir nicht.

Wir steigen über das Bett eines Gletscherbaches weiter auf, das sich erst zur Schneeschmelze mit Wasser füllt. Es ist mit Millionen rutschiger Kiesel gepflastert, die das Gehen in den Turnschuhen nicht gerade zum Vergnügen machen. Ohne irgendein Vorzeichen stoßen wir dann auf eines dieser kleinen Wunder, wie es sich nur in den Falten einer Moräne verbergen kann. Versteckter Weideplatz mancher Hirten. Hinter einem Wall von Gesteinsbrocken, der sich von den zahllosen anderen durch nichts unterscheidet, tut sich eine herrliche natürliche Arena auf: von Tierspuren gefurchte Grünflächen als Tribünen, und unten in dem Rund eine hübsche Sandkuhle mit einem großen schimmernden Wasserfleck in der Mitte. Hier könnte man leicht Tage verbringen, sich träumend in der spiegelnden Fläche verlieren, die die Berge ringsum wiedergibt. Hirte müßte man sein ...

Die Moränen hören auf, der Gletscher schließt sich an. Er ist viel verschneiter, als wir angenommen haben. Doch das scheint die Träger nicht zu stören. Sie gehen so sicher wie auf Wegen. Unser Begleitoffizier dagegen fängt an, zurückzufallen. Zum erstenmal in seinem Leben marschiert er über Schnee und Gletscher. Die Steine kullern unter seinen Füßen weg, der Schnee ist glatt.

Nach einem vergeblichen Versuch, über den Mittelteil des Gletschers aufzusteigen, kehren wir zum linken Bachufer zurück. Unversehens kommt Shaffique ins Rutschen und schlägt hin. Kein schlimmer Sturz eigentlich, aber ungeschickt und steif. Medhi, Ibrahim und die anderen eilen zu ihm. An sich finden sie als Bergbewohner soviel Tapsigkeit zum Lachen, aber da es die Armee ist, die in Schwierigkeiten steckt ...

Aufstieg zum Basislager

Und sie tut es wirklich: Shaffique kann nicht mehr laufen.

„Ich habe zuviel Schmerzen, um weiter aufzusteigen. Ich werde langsam nach Skahshah zurückkehren, während die Träger Sie bis zum Basislager begleiten. Mustag bleibt bei mir. Die Träger sollen jetzt schon entlohnt werden."

Jeder sucht einen schneefreien Stein und setzt sich. Die Träger bilden einen Kreis. Ich hole die Bündel von Scheinen heraus, die wir schon in Skardu sorgfältig vorbereitet hatten. Es ist nämlich wichtig, das Geld für jeden einzelnen passend abgezählt zu haben, sonst ruft man womöglich blutige Auseinandersetzungen hervor. Das ist mir in Afghanistan passiert. Da wir keine kleinen Scheine hatten, gaben wir einem Träger einen größeren und erklärten ihm, daß dieser für zwei Leute wäre. Das, was dann folgte, war schauerlich. Ehe wir den Grund für die Schlägerei begriffen hatten, war das Ohr des einen bereits durch einen Hieb mit einem riesigen Knüppel gespalten, den jeder Träger zur Abwehr von bissigen Hunden herumschleppte. Wir bekamen erst Ruhe, als wir den Schein zurücknahmen und zwei identische Beträge zusammenkratzten.

Hier verläuft alles bestens. Die Menschen dieser Gegend scheinen auch schon mehr an solche Zahlaktionen gewöhnt zu sein. Kein Feilschen, keine Proteste. Vielleicht strahlt auch Shaffique soviel Autorität aus. Und dreizehn Träger, mehr haben wir nicht bei uns, sind kein Problem. Wenn ich an die Heerschar von 1500 denke, wie sie von der französischen Expedition zum K 2 eingesetzt wurde!

Einige ergreifende Abschiedsworte an den „verehrten" Offizier der Armee, und schon sucht sich jeder seinen Weg den Gletscher hinauf. Die Ränder sind häufig gefährlich zerrissen. Dieser hier macht keine Ausnahme. Der Aufstieg geht nur langsam an losen Felsbrocken von enormer Größe und Spalten entlang vonstatten. Immer wieder tun sich neue Hindernisse auf. Das reinste Kunststück, hier in dieser Wüste aus Milliarden grauer, in Eis steckender Steine eine geeignete Route zu finden.

Ein Basislager in dieser Öde zwischen zwei Gletscherseen? Mir behagt die Vorstellung nicht. Aber an der Stelle, wo sich die beiden Gletscherarme treffen, haben wir eine Senke erspäht, die vielleicht in Frage kommen könnte.

Mit Medhi eile ich eine letzte Moräne hoch. Begeisterung! „Das ist der Traumplatz!"

Es ist wieder eine dieser herrlichen Idyllen mancher Moränenrückseiten. Grüne saftige Grashalme sprießen aus einer verdorrten Wiese. Der Schnee ist gerade erst weggetaut. In ein, zwei Wochen wird alles eine blühende Fläche sein. David wirft einen begehrlichen Blick zu der schönen gelben Granitwand auf der

Ein Traumplatz ist unser Basislager

einen Seite. Er hat nämlich seine Felskletterschuhe mitgenommen. Auf der anderen bildet die halbkreisförmige Moräne den Rand unserer Senke. Zwei Firnfelder, die in der Sonne zu schmelzen beginnen, könnten uns mit Wasser versorgen.

Ein Träger nach dem anderen setzt das Gepäck ab. Dann folgt die Prozedur der Hefteintragung. Jeder erfahrene Träger besitzt ein Notizbuch, in das der Chef einer Expedition eine kurze Beurteilung und seine Unterschrift schreibt. David waltet seines Amtes. Mohammed Bashir will zusätzlich noch unsere Adresse. Nachdem alle Hefte ausgefüllt und Zigaretten verteilt worden

Die Prozedur der Hefteintragung

sind, machen sich die Träger auf den Weg zurück nach Shaksah. Nur Medhi, der sich in der Ecke gut auskennt und wohl ein Gespür für unsere neue Situation hat, bleibt noch eine Weile bei uns, als wolle er den Moment hinausschieben, wo er uns zwei in dieser unermeßlichen und unheimlichen Weite der Bergwelt alleinlassen muß.

Wir begleiten ihn bis zu dem Rücken der Moräne und sehen ihm lange nach. Seine blauvioletten Pluderhosen flattern im Wind. Wir kehren erst in unsere Senke zurück, als er nur noch ein winziger dunkler Punkt in der Ferne ist.

Zu unseren Füßen stapeln sich gut ein Dutzend Säcke. Rechts von uns Berge, links von uns Berge. Der Masherbrum läßt sich nicht blicken. So nimmt er um so größeren Raum in unserer Phantasie ein. Doch er ist Realität. Wir werden ihn am nächsten Tag betrachten können. Die Höhe... die Verlorenheit... die ungewohnte Einsamkeit... wir fühlen uns ganz klein, aber nicht unglücklich.

Vom Gras zum ewigen Schnee

Unsere ganzen Sachen müssen nach Art und Wichtigkeit neu geordnet werden. Da wir sie immer zu Lasten von je fünfundzwanzig Kilo abpacken mußten, hat das zu einer abenteuerlichen Mischung von Gegenständen geführt. Der reinste Saustall, wie wir jetzt festellen. Die Ovomaltine hat sich selbständig gemacht und zusammen mit einigen Tafeln Schokolade, die schon in der Gluthitze von Pindi ein Brei waren, eine seltsame, unappetitliche Kruste am Boden des einen Sackes gebildet. Der Schinken tropft nur so. Der Käse aus Savoyen, den David liebevoll ausgesucht hatte, läuft durch die Gegend. Ich sage immer wieder, daß dies alles überhaupt nicht wichtig sei, und schließlich hatte sich diesmal wenigstens nicht der Honig mit dem Waschpulver vermischt und eine Daunenjacke verklebt, wie es uns in Afghanistan auf unerklärliche Weise passiert war.

Nein, diesmal haben wir wirklich keine Sorgen damit, dafür auch kein Waschpulver, keinen Senf und – was wir erst später merken – auch keine Teebeutel für die extremen Höhen. Dafür aber zwei schwere Dosen mit Gänseleberpastete, grandiose Idee von zwei Freundinnen, die, ohne sich abzusprechen, zu dem Schluß gekommen waren, ein bißchen Luxusnahrung könnte uns nach getaner Arbeit guttun. Außerdem recht alltägliche nahrhafte Dinge, jedenfalls für Leute, die lange unterwegs sind (Fruchtpaste, Marzipan, Käsecreme usw.). Wir wollten unser Speiseangebot in Skardu noch durch die herrlichen pakistanischen Trockenfrüchte bereichern, aber das klappte nicht so richtig. Unsere Basisnahrung sind fertig abgepackte gefriergetrocknete Mahlzeiten. Ein bißchen warmes Wasser, und undefinierbare Krümel quellen in fünf Minuten zu einem Chop-Suey mit Hühnerfleisch oder wer weiß was auf. Diese Nahrung ist im Gewicht extrem leicht, bei allen Witterungsbedingungen bestens haltbar und, wie uns versichert wurde, stets wohlschmeckend. Da wir Schwierigkeiten mit den Behörden vermeiden wollten, haben wir uns eher bemüht, die für den Begleitoffizier und den Koch geforderten Ausrüstungsgegenstände zusammenzubekommen, als uns um kulinarische Höhepunkte zu kümmern. Wir sind da beide auch keine Kenner. Viele Einkäufe erledigten wir erst in Pindi und Skardu: Reis, Spaghetti, Suppen (nicht empfehlenswert), Früchte in Sirup, Zwieback, Mehl, Kartoffeln, Zwiebeln, Bonbons und Trockenfrüchte, die nur nicht in ausreichender Menge aufzutreiben waren. Absurd – hier an der Quelle!

Seit heute morgen um 7 Uhr ist die Sonne da. Plötzlich hatte sie sich hinter einem Felspfeiler oben am Gletscher vorgeschoben. Über der Moränenschulter wird die Gipfelpartie des riesigen Séracfalls sichtbar, der den Talkessel auf einer Breite von etwa 800 Meter abriegelt. Und darüber, als hätte jemand ein Tintenfaß ausgegossen, ein tiefblauer unbewegter Himmel.

Hinter uns steigt ein wunderschönes kleines Bergmassiv zu einem attraktiven Gipfel von ungefähr 6000 Meter auf. Seine Wände sind wahre Vorhänge aus weißer Seide, fast faltenlos glatt, die sich bei Sonnenuntergang nachtblau färben. Bis zum Ende unseres Unternehmens blinzelt uns der Gipfel herausfordernd zu. Wir sind mehrfach versucht, ihn zu besteigen. Im Süden ahnt man eine lange Vertiefung: das Tal von Hushe.

Die Stille ist dicht. Wir vertreten uns vor unserem auf der Wiese ausgebreiteten Frühstück die Beine. Zeit spielt keine Rolle, sie ist für uns erst einmal erstarrt. Wir wollen ohne Bedingungen in diese neue Weite, in diesen neuen Raum eintauchen.

Schnell erwärmt sich die Luft. Wir nehmen ein Sonnenbad. Dann stellen wir die Zelte auf. Eine der ersten Handlungen des Menschen: sich ein Dach über den Kopf bauen. Wir haben für unser Basislager zwei K 2-Modelle, die durch einen Tunnel miteinander verbunden werden können. Der reinste Palast. Eine der zwei Stoffschachteln ist außerdem mit einem dünnen Seidendach gedoppelt, das so etwas wie einen Alkoven bildet.

Verglichen mit den Großexpeditionen können wir kaum sagen, daß wir uns einrichten oder gar niederlassen. Wir machen eher einen Zwischenhalt. Es ist, als fürchteten wir, Wurzeln zu schlagen und zu erstarren. Die Umgebung wäre verführerisch genug dazu.

Mit dem Wasser haben wir erst einmal keine Probleme. Die beiden Firnfelder, die zwischen den Felswänden hängen, schmel-

Wir legen einen Faulenzertag ein

zen langsam in der Sonne und bilden im Laufe des Tages ganz
beachtliche Bäche.

Ich liege ausgestreckt im Gras und blinzele, weil mich das Licht
blendet. Die Luft steht still. Sogar mein Herz scheint nicht mehr
zu schlagen. Seit Jahrtausenden hat sich hier nichts geändert. Ein
paar Séracs sind heruntergebrochen, einige Felsbrocken ins Rutschen gekommen. Sonst nichts. Schwindel erfaßt mich bei diesem
unausweichlichen Zusammensein mit mir selber. Alle Krücken,
alle schützenden Geländer unserer Zivilisation beginnen sich zu
verflüchtigen. Ich ahne etwas von dem unverstellten Einssein mit
dem Universum.

Im Gegensatz zu einer großen Expedition, die wegen der vielen
Teilnehmer gesellschaftliche Regeln erforderlich macht und wo

74

Ehrgeiz, Konkurrenzdenken, Falschheit und Verdrängung munter weitergedeihen, sind wir zwei allein viel unmittelbarer unserer Umgebung und unserem Innern ausgesetzt. Flucht vor uns selber wird uns nicht so leichtgemacht. Doch wir suchen mit unserer Mini-Expedition ja diese Abkehr vom Zivilisationsrummel, wollen uns dem Land, der Natur und den neuen Erfahrungen voll öffnen. Indem wir die Haltung von Eroberern ablehnen und die auf uns zukommende Belastungen annehmen, hoffen wir, daß verkrustete Strukturen in unserem Denken aufgebrochen werden.

Nächster Tag. 6 Uhr morgens. Unmöglich, länger auf der faulen Haut zu liegen. Wir wollen wissen, was der hintere Teil des Kessels verbirgt. Von hier aus kann man nichts sehen. Der Zugang zu unserem Westgrat ist uns auf einem Stück von etwa 2000 Metern noch unbekannt. Wir konnten vor der Abreise keine Auskunft und keine Fotos von diesem Teil der Route bekommen. Aus gutem Grund. Denn bisher hat niemand den Grat über diese Hänge zu erreichen versucht. 1976 hatten die Japaner die Absicht, ihn über den Baltoro-Gletscher zu besteigen. Sie traten sehr schnell vor den Lawinen den Rückzug an.

Der Masherbrum hat, ganz gleich von wo aus man ihn betrachtet, eine wundervolle Gipfelpartie. Vom Baltoro-Gletscher aus ist er mit seinen Hängegletschern, Schneefeldern und schroffen Formen sehr hochmütig. Wie wir später erfuhren, scheiterte auch die zweite japanische Expedition in diesem Sommer auf der Nordseite. Das sind die beiden einzigen Versuche auf dieser Wand. An der Südflanke hat es, wie bereits erwähnt, mehr gegeben, ohne daß sie viel erfolgreicher waren. Nach dem Sieg der Amerikaner (1960) geriet der Masherbrum praktisch wieder in Vergessenheit.

Das wundert einen, wenn man sieht, wie schön der Gipfel ist. Doch betrachtet man die Mentalität der Bergsteiger, wird das verständlicher. Denn dem Masherbrum fehlen einige Meter zum Achttausender. Und genau das macht ihn für viele so wenig attraktiv. Ein Großteil der Alpinisten hält nur Expeditionen auf die höchsten Berge für lohnend, was bei unserem Leistungszwang nicht erstaunlich ist. Da außerdem die Besteigungen mit großen Mannschaften viel Geld verschlingen, brauchen sie fast immer kapitalkräftige Förderer, die wiederum gern spektakuläre Bezwingungen finanzieren, um Werbung für sich zu bekommen. David und ich sind nicht so erfolgsfixiert, und unsere Kosten halten sich in Grenzen. Mich reizt einfach das Bergsteigen im Himalaja, und ich brauche dazu nicht unbedingt einen Achttausender, um der Welt zu zeigen, daß Frauen im Alpinismus den Männern nicht nachstehen. Doch für jeden gilt etwas anderes.

Ein Plan schmilzt dahin

In die neuen Plastikschuhe steigen, die Gamaschen anziehen, den Eispickel nehmen. Beinahe hätte ich ihn vergessen. Nichts von unseren neuen Ausrüstungsgegenständen haben wir vorher ausprobiert. Ich bin in der letzten Zeit zweimal Skifahren gewesen und nur ein einziges Mal, und das vor ungefähr einem Jahr, auf einen Viertausender gestiegen. Den Winter habe ich die meiste Zeit in Paris verbracht. Die Arbeit hielt mich fest. Doch das alles schreckt mich nicht. Ich gehe immer ohne besonderes Training auf einen Berg. Ich sehe überhaupt nicht ein, daß ich mein Leben mit irgendwelchen kräftigenden Übungen zubringen soll.

Die Neugier stachelt uns an. Was wird auf uns zukommen? Die Plastikschuhe jedenfalls sind überhaupt nicht für steiniges Gelände konstruiert, und wir fühlen uns in den Dingern gehbehindert. Doch was macht es, die Moräne führt ja bald auf den tiefverschneiten Gletscher.

Es dauert nicht lange, und wir wissen Bescheid: Der Gletscher unserer Phantasie, der als sanfter Hang zum Westgrat führen sollte, hat sich in der Sonne aufgelöst. Nur noch ein enormer Hängegletscher ragt über eine felsige 1500 bis 2000 Meter hohe Wand, die feucht, schwarz und schmutzig vor uns aufsteigt. Die Steine regnen dort sicher nur so herab. Eine fabelhafte Route für Selbstmörder!

Ein schöner Traum, ausgebrütet zwischen Großstadtmauern, durfte doch nicht so ohne weiteres zerplatzen! Wir suchen den Kessel ab, bis uns die Augen wehtun.

„Wäre gelacht, wenn wir nicht über einen der verschneiten Hänge da eine Aufstiegsroute fänden." David ist bockig wie ein kleiner Junge. „Sie sind zwar alle ziemlich steil, scheinen aber sonst ohne große Tücken."

„Ja, aber sieh mal all die Hängeséracs, die sich oben entlangziehen. Die ständig über sich zu haben, ist kein Vergnügen. Außerdem zwingt uns das alles schwer nach links. Wenn wir zum Gratfuß kommen wollen, müssen wir wie die Idioten erst knietief durch den Schnee waten."

Mindestens hundertmal steigen wir jeden einzelnen der Hänge im Geist hoch, ziehen Routen, die uns möglich erscheinen. Doch jedesmal endet es mit denselben Problemen: zu viele ganz offensichtliche Gefahren! Die Vorstellung, ein paar Eisbrocken auf den Kopf zu bekommen oder von einer Lawine erfaßt zu werden, beflügelt uns nicht gerade, uns auf die nähere Erforschung einzulassen.

Und doch schaffen wir es nicht, uns von dem Ort zu lösen und uns zu sagen, daß der Westgrat für uns gestorben ist. Wir verlängern unseren Traum, indem wir zuguterletzt eine verborgene Route über den Hängegletscher von der Südwand aus erfinden.

Als wir zurückkehren, sehen wir von weitem auf der Moräne, die unsere Zelte überragt, zwei Gestalten. Schon Besuch! Geht es Shaffique schlechter? Tatsächlich sind Mustag und der schöne Jäger von Hushe gekommen und bringen meine Sonnenbrille, ein Huhn und ein Dutzend Eier, fein säuberlich in Stroh verpackt. Nachdem sie sich Tee und Chapatis einverleibt haben, treten sie sofort wieder den Rückweg nach Hushe an. Die Grußworte unseres Begleitoffiziers sind ein wahres Kunstwerk. Schade, daß ich sie nicht wörtlich behalten habe. Er wünscht uns jedenfalls den Erfolg und glaubt fest daran, denn wir seien ein mutiges Volk, wie Napoleon bewiesen hat. (Was Bücher doch bewirken!) Er möchte nur eines, nämlich uns „happy" wissen.

Im Augenblick sind wir es nicht, auch wenn ich mich leichter als David in mein Schicksal füge und mich mit unserem neuen Projekt abfinde: die sehr schöne Südwand.

Der Gipfel ist erst einmal über sie bestiegen worden. So bleibt für mich genug an Unbekanntem, es zwanzig Jahre später im Westalpenstil erneut zu versuchen. Ja, es liegt genug Reiz für mich darin, diese neue Herausforderung anzunehmen.

Ich denke an zurückliegende Bergerfahrungen. Eine Expedition in ein kanadisches Massiv, wo wir im letzten Augenblick Angst vor unserer eigenen Kühnheit bekamen und uns zwei Alpinisten anschlossen, die recht sympathisch und erfahren waren. Doch ihre Art, vorzugehen, paßte nicht zu unserer, und wir begriffen auf dieser Tour, daß wir viel besser nur zu zweit Besteigungen machen sollten, daß wir uns gut ergänzten und uns nur noch vom Mythos der Sicherheit lösen mußten.

1978 hatten wir Pläne für Afghanistan, und zwar die Nordwand des Noshaq (7492 Meter), eine noch jungfräuliche Eisflanke von mittlerer Schwierigkeit, zu besteigen. Wir wollten ausprobieren, wieweit sich unsere Zweierseilschaft in großen Höhen bewährte, im Bereich der „Todeszone", die mich schon lange anzog. Der Staatsstreich kam uns zuvor. Wir konnten unsere Pläne nicht mehr verwirklichen.

Als Trost sind wir Weihnachten zum Mount Kenya gefahren und die Diamond-Rinne hochgestiegen, einen herrlichen, barokken Eisfall, der auf 5200 Meter führt.

Natürlich hat uns der Mount Kenya nicht von unserem brennenden Wunsch geheilt, nur zu zweit einen der Himalaja-Riesen zu besteigen.

Jetzt haben wir Samstag, den 21. Juni 1980, und stehen endlich am Fuß eines solchen ersehnten Gipfels. Es ist der zweite Tag mit schönem Wetter. Trotzdem haben wir nichts unternommen. David fühlt sich bleiern und hat Fieber. Alles ist reglos und drückend. Die Sonne brennt unbarmherzig und lähmt. Nichts... Leere... aufbrechen... Wir müssen uns rühren, um diese Starre zu durchbrechen, aber ich kann mich nicht entschließen, allein einen Erkundungsgang auf den Gletscher zu machen.

Viele stürzen sich, um die Begegnung mit der Leere und dem Selbst zu vermeiden, auf der Stelle in Aktionen. So bringen sie die verfänglichen Fragen zum Schweigen, die in ihnen aufsteigen. Sie fürchten sich davor, bewußt zu erleben, wie sich langsam die gewohnten Muster verzerren, auflösen. Neue, sie in ihrem Wesen verunsichernde Erfahrungen werden abgeblockt. Das Hineinlauschen in sich selbst ist schwer.

Ich lese lange in dem Buch *Feminismus und Anthropologie*. Am Abend kommt ein frischer Wind auf. Mir ist, als krabbelte ich aus einem Tunnel. Der 21. Juni. Sommer. In Paris bereitet man sich auf die großen Ferien vor. Ich kann mir schon gar nicht mehr richtig den Trubel, die oft allzu künstliche Hektik des Großstadtlebens vorstellen.

Märchenhaftes Eislabyrinth

Es braucht Zeit, sich neue Bezugspunkte zu schaffen. Wir haben sie jetzt. Das meinen wir jedenfalls, als wir Ende Juni zum erstenmal in das unentwirrbare Labyrinth von Eistürmen vordringen, das über eine Strecke von mehr als 600 Meter den unteren Gletscher des Masherbrum bildet.

Wir haben endgültig den Plan begraben, vom Kessel aus über den Westgrat aufzusteigen. Eine Route direkt über die Südwand soll uns zum Gipfel führen.

Zuvor bin ich allein zu einem Erkundungsgang auf den Gletscher aufgebrochen. Der enorme Séracfall ist eine Welt für sich. Chaotisch, zerrissen, das Unterste zuoberst gekehrt, mit eingestürzten Häusern, Schlössern, Türmen und Festungsmauern. Gefrorene Gäßchen führen zu bläulichen Seen, die mit schillernden Reifblumen übersät sind, zu zerborstenen Kuppeln, durch die man bis in Grotten blicken kann, in Kristall gehauene Feenwohnungen. Eine Landschaft, in der man sich verliert, findet und wieder verliert.

Ich liebe es, allein im Gebirge zu gehen, dem Rhythmus meiner Phantasie und meines Innern folgend. Besonders wenn ich kein festes Ziel habe. Die Suche nach einem Weg in diesem Eiswirrwarr öffnet mir eine Tür zum Imaginären, zu einer Traumwelt. Doch ich muß gleichzeitig wach sein! Zu Beginn dieser Jahreszeit

Gletscherspalten zwischen den zwei großen Plateaus auf 6800 m Höhe

Vor den Séracs am Fuß der Südwand des Masherbrum

verbirgt noch ein Schneemantel die wahre Architektur des Gletschers: Spalten, Brücken und Eishänge.

Meine Steigeisen graben sich knirschend in das Eis. Ich lasse allmählich die letzten Wogen eines noch zahmen Gletschers hinter mir und begebe mich in die eigentlichen Schwierigkeiten. Vor mir eine steile Mauer, aber es klappt. Auf der rechten Seite quillt Wasser hervor und wird bald einen kleinen See bilden. Ich trete auf ein riesiges, wie Glas schimmerndes Feld. Es gibt unter meinen Füßen gefährlich nach. Ich sehe mich suchend um und weiche nach rechts auf sichereres Gebiet aus. Der Himmel ist blau. Außer meinen Schritten höre ich nur ein sanftes Summen, das vom unterirdischen Leben des Gletschers kommt.

Links geht es nicht weiter. Rechts versperren drei teuflische Spalten mit unklaren Rändern einen kleinen Korridor, der zu einem besseren Abschnitt führt. Ich springe über die erste. Geschafft. Ich wage auch die zweite, aber der schneegeschwollene Rand der dritten warnt mich. Nein, das wäre zu leichtsinnig. Morgen, zu zweit und mit Seil, ist das kein Problem. Ich halte mich noch eine Weile in dieser verwunschenen Eislandschaft auf, bevor ich zum Basislager zurückkehre.

Wir suchen nicht nur einen Weg durch dieses Labyrinth, er soll auch noch, so weit wie möglich, ungefährlich sein. Denn wir werden ihn sicher häufiger gehen müssen. Zwei Tage probieren wir, jedesmal mit Seil, verschiedene Möglichkeiten aus. Wir stoßen auf fürchterlich wackeligen Untergrund voller verborgener Spalten, auf reinste Höllenregionen und auf Eisfiguren, die jede Vorstellung sprengen.

Ständig lockt uns eine neue Sicht, und immer wieder erschlägt uns die Maßlosigkeit der weißen Landschaft.

„Endlich, es klappt!"

„Ja, aber ich finde es besser, wenn wir morgen etwas Sichereres suchen", rät David.

Die Nacht hat die Spalten leider auch nicht geschlossen. Aber die Passagen sind gangbarer geworden, auch wenn sie noch immer tückisch sind. So schaffen wir es heute, den fürchterlichen schwarzen Sérac zu erreichen. Vom Basislager aus erschien er uns anfangs ein Kinderspiel. Er markiert den Ausstieg aus der ersten Gletschermulde und zwingt zu einem großen Umweg nach rechts. Anders sehen wir keine Möglichkeit. Vor dem Sérac haben wir ein Niemandsland aus Höckern und sanften Vertiefungen entdeckt, in denen kleine Seen schimmern. Anschließend führt eine Eisrampe zum Fuß eines nächsten großen Séracs. Wir umgehen ihn an der Basis und gelangen nach gefährlichen Passagen zum Ausstieg. Diese Partie war von unten nicht zu sehen gewesen.

Zur Feier unseres ersten Erfolges, nämlich den Weg durch diesen dämonischen Eisfall gefunden zu haben, backe ich aus Atta einen riesigen Kuchen. Doch man sollte in dieser Gegend mit kulinarischen Höhenflügen zurückhaltend sein . . .

Der nächste Morgen ist in jeder Hinsicht gräßlich. Es regnet. Der Himmel hängt tief, das Wetter ist zum Trübsinnigwerden. Ich bin damit zufrieden, weil ich endlich wieder in meinen Daunenschlafsack kann. Der Kuchen gestern abend ist mir nicht bekommen. Mein Gedärm macht mir schwer zu schaffen. Nichts Ungewöhnliches in Pakistan.

Seit wir wieder im Basislager sind, ist es das erste Mal, daß wir wieder schlechtes Wetter haben. Das sollte uns noch nicht beunruhigen. Schließlich haben wir eineinhalb Monate Zeit. Na, wenn das nicht reicht!

Jetzt ist es erst einmal wichtig, daß wir uns an die Höhe

Ohne Seil steigen wir den steilen Hang über dem Basislager hoch

gewöhnen. Eine sehr gute Akklimatisation schafft einen größeren Sicherheitsspielraum. Wir wollen das mit einer Reihe von Erkundungen in größere Höhen erreichen.

Wärme und ein Darmmittel tun ihre Wirkung. Der Nachmittag erscheint mir nicht mehr so düster... obwohl wir zwei Pannen entdeckt haben. Das Zelt, unser Raid III, das wir auf 5200 Meter Höhe als vorgeschobenes Basislager aufstellen wollten, um das nervtötende Hin und Her durch den Séracfell zu meiden, ist spurlos verschwunden. Es muß bei den Sachen unseres Verbindungsoffiziers sein; er hatte es in Shakshah benutzt. Unmöglich auch, die Teebeutel zu finden, die für die extremeren Höhen vorgesehen waren. Es ist nicht sonderlich angenehm, auf 7000 Meter vor Tagesanbruch auch noch sein Kochgeschirr von Teeblättern reinigen zu müssen.

Nun sind wir eine noch leichtere Leichtexpedition... wir werden uns schon irgendwie zu helfen wissen. Jedenfalls soll unser Unternehmen nicht an so etwas scheitern. Ich beschließe, erst einmal nicht weiter darüber nachzudenken.

Ein dicker Wolkendeckel verpfropft das Tal. Wir können kaum noch die Séracs oben sehen. Der Höhenmesser ist ein ganzes Stück gestiegen – ein schlechtes Zeichen. Wir haben trotzdem beschlossen, mit Material aufzusteigen. Ein Zelt, einen Kocher, Geschirr, mehrere Gaskartuschen, ein Seil, Proviant. Wir kennen jetzt den ersten Teil des Gletschers gut und seilen uns nicht mehr an. Das hindert nur. Ohne Seil ist jeder von uns gezwungen, sich stärker auf seine Umgebung zu konzentrieren, behält seinen eigenen Gehrhythmus bei und ermüdet nicht so rasch. Es kann dann auch nicht passieren, daß man sich mit dem Steigeisen im Seil verfängt.

Inzwischen schneit es. Das war vorauszusehen. Ich setze einen Fuß vor den anderen und bemühe mich, nicht zu denken. Die Rucksäcke wiegen zwischen achtzehn und zwanzig Kilo. Ich muß mich erst daran gewöhnen. Später stellt sich heraus, daß das unser Luxus-Leichtgewicht ist. Besonders David trägt dann viel mehr.

Eine zweite Erkundung zur Mitte des Gletschers hin ist auch nicht viel erquicklicher als die erste. Es hat dort nicht gefroren, und die Schneebrücken sind ganz weich geworden. Es gibt also wieder keine andere Möglichkeit, als den schwarzen Sérac rechts zu umrunden, die Eisrampe zu nehmen, den zweiten Sérac zu umgehen und die schwierigen Passagen an den beträchtlich steilen und verschneiten Hängen schnell hinter uns zu bringen – weil hier Steinschlaggefahr ist –, um in den riesigen Kessel des oberen Gletschers zu gelangen. Von Schwemmkegel zu Schwemmkegel arbeiten wir uns zum hinteren Kesselteil durch. Der Schnee ist widerlich. Bei jedem Schritt sinken wir tief ein. Am Ende müssen wir den Gletscher in seiner ganzen Breite queren, wenn wir zu dem einen Hang wollen, der uns von hier aus problemlos erscheint. Der Gletscher ist wahrscheinlich heimtückisch, denn er ist mit einer dicken Schneeschicht überzogen. Es ist warm, viel zu warm, als daß man sich ohne jede Sicht auf die Eismassen hinauswagen könnte. Wir wickeln unsere Lasten in das Zelt und suchen einen geeigneten Fleck, um sie zurückzulassen. Sorgfältig befestigen wir das Ganze mit einem Pflock. Nasse, dicke Schneeflocken wirbeln um uns herum.

Uns erstaunt während unserer gesamten Expedition immer wieder, wie schnell der Abstieg vonstatten geht. Auch heute, trotz des schmuddeligen, trostlosen Wetters. Solange wir die Steigeisen an den Schuhen lassen, läuft alles bestens. Aber nach den vereisten Kuppen, wo Steine selten sind, kommt ein teuflisches Geröllfeld, das für unser Füße in den Plastikschuhen die reinste Tortur ist. Und das bleibt es auch bis zum Ende, auch wenn keiner der Steinbrocken mehr ein Geheimnis für uns ist. Dieser hier kippt, der große Graue ist fest, der da, der so leuchtet, vor dem muß man sich in acht nehmen! Ich könnte zu jedem etwas sagen.

Kaum sind wir im Basislager, fängt es zu regnen an. Der Himmel ist uns auf unserem Weg nach unten gefolgt. Ein verregneter Karakorum bietet sich uns dar. Doch unterdessen verwandelt sich unsere Moräne in eine blühende Wiese.

Das schlechte Wetter nistet sich regelrecht ein, auch wenn wir es anfangs nicht wahrhaben wollen. Der nächste Tag ist mies und wechselt nur zwischen Regen und Hagel. Er beginnt überhaupt schon mit unsanftem Erwachen, auch für den nicht so Betroffenen: eines der aneinandergekoppelten K 2-Zelte steht unter Wasser. Alles ist naß, Kleidung, Schuhe, Fotoapparat, Filme, Schlafsack... Ein Haushaltstag steht uns bevor: ausräumen, trocknen (wie eigentlich bei dem Wetter?) reinigen. Die Sonne hat zwischendurch Erbarmen mit uns. Wir beschließen, unsere Rucksäcke zu packen. Ja, wir wollen für zwei oder drei Tage hintereinander in höheres Gebiet aufsteigen.

Das gibt uns Schwung. Wir wienern alles aufs Feinste, geben uns Mühe, nichts zu vergessen: Handschuhe, Mützen, Daunenjacken... Dieser erste Ausflug in extremere Höhen braucht noch eine gute Vorbereitung. Später ist das Rucksackpacken nichts weiter als Routine.

Vorspiel zur Schlechtwetterperiode

Zum x-ten Mal steigen wir den Gletscher hinauf. Es stört uns trotzdem nicht. Wir kennen jede Eiskerze, jede rissige Kuppe, jede Eisspalte. Die Ängste der ersten Male sind dahingeschmolzen wie der Schnee in der Sonne. Jeder weiß, daß er sich auf den anderen verlassen kann.

Das Wetter wird noch schmuddeliger. Der Höhenmesser verheißt nichts Gutes. Außerdem ist es für den frühen Vormittag viel zu heiß. Wir sinken tief ein.

Mit traumwandlerischer Sicherheit landen wir bei unseren vor einigen Tagen zurückgelassenen Sachen. Um uns herum ist alles blaugrün. Wir sehen keinen Meter weit und baden in einem warmen Nebeldampf. Eine schlechte Sauna. Trotz der Wärme beginnt es zu schneien. Nasse, dicke Flocken. Wir warten ab.

„Jetzt ist es zwei Uhr, und wir sehen immer noch kein bißchen mehr. Die Schneebrücken konnten heute nacht unmöglich frieren, ich finde es zu gefährlich, den Gletscher jetzt auf gut Glück zu queren." Der mahnende David.

„Und wenn wir das Zelt hier raufholen, damit wir wenigstens eine Nacht in der Höhe verbringen? Vielleicht ist es morgen schön."

„Wo sollen wir es aufstellen? Hier etwa? Sieh doch nur, wie der Schnee hier wegrutscht. Etwas höher können wir uns vielleicht eine Terrasse bauen."

Ein bißchen Training kann nicht schaden. Durch einen fürchterlichen Schnee steigen wir weiter aufwärts, räumen einen Platz frei, stampfen den Boden fest. Eine Stange, dann die zweite, und kurz darauf steht unser Zelt. Wir müssen es nur noch gut verankern.

Kaum sind wir damit fertig, läßt uns ein ohrenbetäubendes Krachen zusammenfahren.

„Ein Schneerutsch etwa? Vorsicht!"

Der Schnee stürzt in Kaskaden über einen Buckel in der gleich bei uns aufragenden Felswand herab und läuft zu einem riesigen Kegel auf, der sich wiederum in tausenden von kleinen Bällen ergießt. Die Massen kommen nur wenige Meter von unserem Zelt entfernt zum Stehen. Wir sind ratlos. Es reizt uns nicht mehr, die

David blickt zweifelnd zu dem verhangenen Himmel hinauf

Nacht hier zu verbringen. Der Sturm kann stärker werden und die Lawinengefahr noch erhöhen.

Wir treten also den Rückzug vor der Unerbittlichkeit des Schnees an. Kaum sind wir am Fuß des Séracfalls angelangt, als der Himmel etwas aufreißt und ein paar Sonnenstrahlen durchläßt. Ein bezauberndes Licht. Hätte David nicht Bilder davon gemacht, wäre uns später dieser wundervolle Augenblick in dem ganzen Grau wie eine Einbildung vorgekommen.

Langsam mache ich mir Sorgen wegen des Wetters. Es ist so seltsam, so unberechenbar. Dicke, dunkle, drohende Wolken, bereit, uns mit Regen, Hagel oder Schnee zu überschütten, überlegen es sich auf einmal anders, teilen sich und geben einer brennenden Sonne den Weg frei. Es ist weniger der Sturm, der einem in der Höhe zusetzt, als die fehlende Sicht. Ohne Orientierungspunkte ist es nahezu unmöglich, sich in den unbekannten Weiten zurechtzufinden. Wozu auch eine Spur treten, wenn sie eine Stunde später doch wieder völlig zugeschneit ist? Dabei ist unsere Spur unsere einzige Möglichkeit, den Berg für den Aufstieg zu markieren. Mehr Hilfsmittel sind nicht erlaubt.

Wir verbringen zwei Tage hintereinander im Basislager. Das Wetter ist immer noch unbeständig. Regen und Hagel teilen sich den Tag, und tiefhängende Wolken verwehren uns jegliche Sicht. Ohne Sonne gibt es kein Schmelzwasser für uns, oder nur sehr wenig. Auf den Firnfeldern bilden sich erst zum Ende des Tages zu kleine Rinnsale. Also beginnt die Prozedur des Schneeauftauens auf dem Gaskocher.

Wir passen uns sehr gut an unseren neuen Lebensraum an. Die alltäglichen Dinge sind aufs Einfachste beschränkt; sich waschen, essen. Darüber hinaus bleibt uns Zeit für uns persönlich, wie wir sie bei uns zu Hause überhaupt nicht kennen. Ich nutze sie mit Tagebuchschreiben, Lesen und Musikhören. Wir haben diese

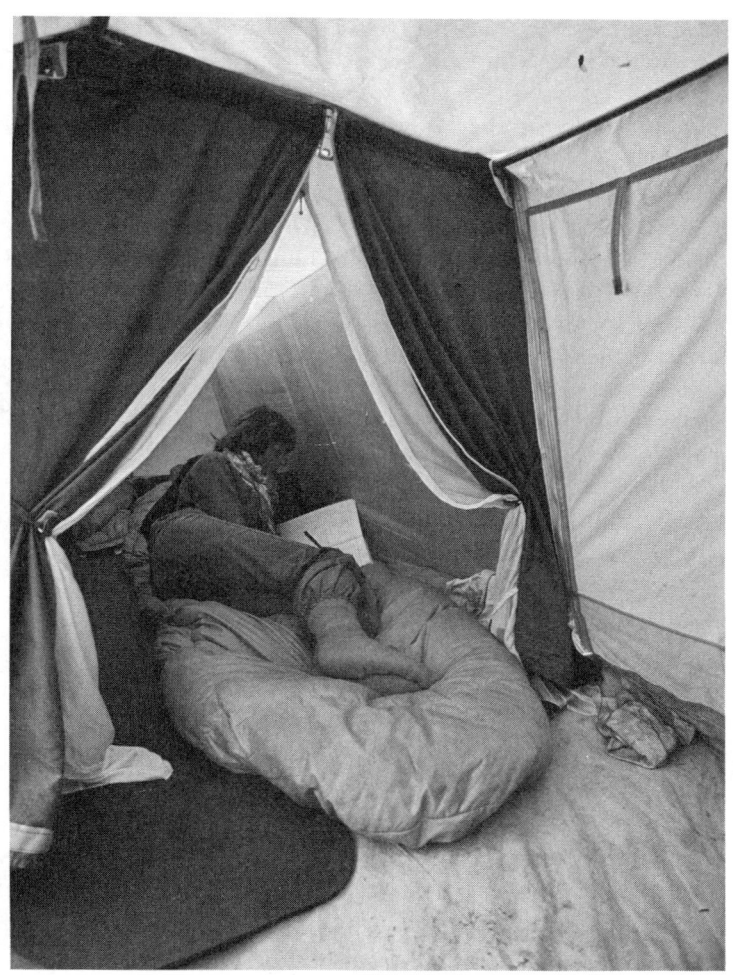

Ich nutze die unfreiwillige Pause zum Lesen und Tagebuchschreiben

Tage des Nichtstuns überhaupt nicht bedacht und viel zu wenig Batterien mitgenommen. Musik aus dem Rekorder gibt es also nur tröpfchenweise. Schade. Aber geht es denn so schlecht ohne diese Kulturdinge? Haben nicht auch wir aus der Angst vor der Leere „Spielzeug" mitgebracht wie die Frisbee spielenden Amerikaner im Hotel K2?

Unsere Ausrüstung scheint ziemlich perfekt zu sein. Wenn sich unsere doppelschichtigen Schalenschuhe aus Plastik auf den Geröllfeldern nicht gerade als das Wahre entpuppten, so stellen sie sich im Schnee als sehr günstig heraus. Und auch im weiteren Verlauf unserer Expedition habe ich kein einziges Mal Fußschmerzen, auch nicht in der Phase, wo ich zehn Tage mit Steigeisen gehe. Unsere Anoraks und Latzhosen aus Goretex sind bei all der Buddelei durch tiefen Schnee und auch sonst eine Wonne. Eigentlich ist alles bestens, außer dem Wetter. Wir haben den 30. Juni, aber wir sind noch nicht wirklich beunruhigt. Für uns ist das schlechte Wetter nur eine vorübergehende Störung. Wir versuchen uns an Berichte von Himalaja-Expeditionen zu erinnern und stellen fest, daß eigentlich keine von Schlechtwetterperioden verschont wurde.

Wir sind mal wieder dabei, unsere Rucksäcke zu packen. Morgen soll es für vier oder fünf Tage losgehen. Wir wollen unser Zelt auf 5200 Meter bringen und von dort aus für ungefähr drei Tage in extremere Höhen steigen. Dort werden wir dann zwar wegen der Panne kein weiteres Zelt haben, aber irgendwie hoffen wir, unter freiem Himmel zu biwakieren. Auf 6000 oder 6200 Meter müßte die Sicht auf die Südwand des Masherbrum endlich frei sein. Sie ist uns noch immer ein Geheimnis. Bisher war es unmöglich, auch nur eine Kante von ihr zu erhaschen.

Der Anstieg ist schwierig: ein gefährlich zerklüfteter Eisfall, lawinengefährdete Hänge, die zu einem ersten Gletscherbecken führen, mit dem nicht zu spaßen ist, weil eine dicke Schneeschicht die Brücken verbirgt; über einen schier endlosen Steilhang kommt man dann zu einer Terrasse, die von einer gigantischen Baiserkrone überragt wird. Der obere Teil dieses Zuckerbäckerwerks reicht bis auf 6000 Meter. Von dort aus verläuft ein wundervoller, aber wächtenreicher Grat zu einem riesigen Plateau, das der Zugang zu einem zweiten, harmloseren Gletscherbecken ist. Ab da sieht man den Gipfel und einen Teil der Wand.

RAUSCH DER GROSSEN HÖHEN

Die große Baiserkrone

Wir sind auf ungefähr 5200 Meter. Das sanfte Abendlicht gibt
dem vom Wind leicht gekräuselten Schnee einen letzten, fast rosa
Glanz. 18 Uhr. Die bläulichen Schatten formen sich schon heraus.
Wir müssen langsam daran denken, unser Zelt aufzustellen. Das
kleine Plateau, auf dem wir ein vorgeschobenes Basislager errich-
ten wollten, existierte, wie sich herausstellt, nur in unserer
Phantasie. In Wirklichkeit ist alles viel komplizierter. Es gibt
keine einzige ebene Stelle, die nicht auch ein ideales Auffangbek-
ken für die riesigen Séracsplitter wäre. Überall brechen sie von den
überhängenden Eisfelsen herunter. Drüben, auf der anderen Seite
des Kessels, im Schatten der Felswand, rieselt verdächtig viel
Schnee herab. Lawinengefahr! In der Mitte schnappt der Gletscher mit seinen weit klaffenden Spalten nach uns. Und wir dürfen
uns ja nicht zu sehr in der Nähe der herrlichen Architektur
niederlassen, deren steile Hänge kühn in den Himmel aufragen.
Der dort hängende Schnee wird bestimmt nicht lange oben
bleiben. Aber auch die Nähe der Gletscher-Karvernen ist besser zu
meiden, damit wir im Fall einer Lawine nicht kopfüber hineinge-
rissen werden. Uns bleibt keine große Wahl ... Der Berg verdammt einen häufig dazu, unter verschiedenen Gefahren die am
geringsten erscheinende auszuwählen. Sicherheit – das Schlag-
wort bei uns zu Hause – gibt es hier nicht. Dafür wird man mit
dem Gefühl der Freiheit belohnt, und man empfindet jeden

Augenblick neu die Freude, am Leben zu sein. Natürlich tun wir alles dazu, das Risiko auf ein Minimum zu reduzieren; wir wollen nicht willentlich den Tod herausfordern. Aber der nächste Schritt hat immer etwas Unvorhersehbares, Geheimnisvolles.

Wird unser Zelt den Schneemassen standhalten?

Die Kälte nimmt zu. Sich in einen Unterschlupf zurückziehen zu können, gibt einem ein schönes Gefühl der Geborgenheit. In solchen Momenten glauben wir schon fast, daß unser winziges Zelt drei Tonnen herunterdonnerndem Eis standhalten wird. Und gleich gibt es auch noch dampfend heiße Suppe. Die Strapazen des Tages sind vergessen.

Ach, und was war das für ein Tag! Er hatte ganz harmlos angefangen. Schwerer Rucksack mit Verpflegung, Schlafsack, Daunenjacke, Kocher, Gaskartuschen, Kochgeschirr und all den Klimbim, den man für das Leben in großer Höhe braucht. Unterwegs haben wir dann noch die schon zurückgelassenen Sachen eingesammelt. Der Aufstieg über den Gletscher und den Eisfall machte keine Probleme. Wieder einmal half uns die Übung, die wir bereits damit hatten, rechtzeitig Gefahren zu erkennen. Die anschließenden Steilhänge waren übel wie immer, aber man durfte nicht darüber nachdenken, sondern mußte ganz eins mit ihnen werden, dann ging es recht gut. Für die gesamte Strecke brauchten wir zweieinhalb oder vielleicht auch drei Stunden, mehr nicht. Schnell einen die Lebensgeister weckenden Tee getrunken, die neuen Lasten in den Rucksäcken verstaut, und schon waren wir bereit, es mit dem oberen Teil des Gletschers aufzunehmen. Wir mußten ihn in seiner ganzen Breite queren. Zunächst ging alles ziemlich leicht. Aufregung, weiter ins Unbekannte vorzustoßen.

11 Uhr 30. Die Sonne verkürzte unsere Schatten bereits zu winzigen Flecken an unseren Füßen. Die Hitze war mörderisch. Der Gletscher mit seiner Beckenform staute die Wärme. Wir mußten uns vor Schneebrücken hüten. Also besser anseilen und mit straffem Seil gehen. Mich macht diese Seilfessel meist rasch kribbelig. Ungehindert meinem Rhythmus folgen zu können, ist mir, wie ich wieder merkte, ungeheuer wichtig.

Ich spurte. Der Schnee war weich. Plötzlich zog das Seil. Unmöglich, weiterzugehen.

„Seil gespannt!" rief mir David zu. Hab ich doch gemerkt. Nichts tat sich weiter. Seltsam. Ich versuchte einen Schritt nach vorn – unmöglich. Ich konnte David doch nicht hinter mir herziehen!

Ich drehte mich um und sah, wie er mit seinem schweren Marschgepäck bis zur Taille im Boden verschwand. Eine schmale Spalte! Sich da herauszuarbeiten, bedeutete ein heftiges Mühen. Unsere Moral war angeschlagen.

„Wir machen weiter", drängte ich trotzdem. „Wenn du willst, bleibe ich vorn."

Ich lotste uns zwischen trügerischen Kuppen hindurch. Hier gab es nicht die „harmlosen" Spalten, die sich nach unten zu rasch verengten und meist parallel liefen. Wir stapften eher durch einen ganzen Dschungel von bizarren Hügeln und Höckern, die in alle Richtungen geborsten waren und den Blick in schauerliche Schlunde freigaben.

Ich wünschte mir, so schnell wie möglich diesen verrückten Gletscher zu verlassen und meinen Fuß auf den gutmütig und gleichmäßig aussehenden Hang anschließend setzen zu können. Es folgte eine Rinne mit zwei vereisten Wänden. Immer noch war es fürchterlich heiß. Sackgasse. Zurück. Akrobatik auf Eisrippen, seiltänzerische Schritte über Schneebrücken. Endlich der ersehnte Hang. Kurze Rast.

Wir stiegen ziemlich gleichmäßig auf. Einen Fuß nach dem anderen fest in den Schnee des Hangs setzen, damit es Trittlöcher gab.

Für Augenblicke schoben sich wohltuend Wolken vor die Sonne. Die Luft war dann fast erträglich. Ein, zwei Stunden verstrichen. Die Rucksäcke wurden unheimlich schwer. Doch das obere Ende des Hangs zeichnete sich schon gegen den Himmel ab.

Es war fast in Reichweite. Noch einmal tief Luft holen – und ich war oben!

Im Gebirge ist es immer dasselbe: ein Hang verbirgt einen weiteren, größeren und steileren. Wagt man einen Blick und versucht das Kommende abzuschätzen, verliert man leicht den Mut. Es zahlt sich nicht aus, mit den Gedanken vorauszueilen.

Und doch saß ich voll bitterer Gedanken auf einem Eisbrocken, der schon vor einiger Zeit vom Himmel gefallen sein mußte, denn er war mit einer dicken Schneeschicht bedeckt. Es gab Massen davon; sie sahen aus wie lauter weiße Champignons. Nicht einmal die Angst vor den Séracs brachte mich schneller auf diesem Hang voran, der ständig einen neuen hervorzubringen schien. Ich verließ meinen Ruhesitz immer erst, wenn David kam . . . und steuerte sogleich den nächsten an. Von Champignon zu Champignon quälte ich mich in die Höhe.

Aber das liegt hinter uns. In unsere Daunenschlafsäcke geschmiegt, genießen wir die wohlverdiente Ruhe.

Nächster Tag. Er soll nicht im Zeichen von großartigen Leistungen stehen. Wir sind erst spät aufgewacht und planen, nicht sehr weit oben in dem riesigen Baisergebilde über uns umherzustreifen. Der große Hang, an die 900 Meter hoch, führt zu einem Kamm, die Baiserkrone, die den Rand des zweiten Gletscherbekkens bildet, das uns vom Wandfuß des Masherbrum trennt. In seiner Art erinnert der Hang ein bißchen an die Normalroute vom Mont Blanc du Tacul, jedenfalls was die Länge und die Neigung betrifft. Wir ziehen mit ganz wenig Gepäck los – nur das Nötigste, was man für eine kleinere Erkundung braucht: Feldflasche, ein Stück Seil und ein paar Lebensmittel.

Ich finde es herrlich, ohne Fessel durch den Schnee zu stapfen. Nach der Last der Rucksäcke gestern erscheint es mir heute wie ein

Fest. Wir gehen schnell den Aufstieg durch eine an sich leichte Rinne auf, weil sie durch einen Séracriegel bedroht ist. Die Eisklumpen am Einstieg zeugen von Abbrüchen. Wir ziehen es vor, direkt den Hang anzugehen. Die Neigung beträgt über ein langes Stück an die 55° und läßt dann etwas nach. Ich fühle mich wohl. Ringsum fast endlose weiße Weite. Man muß sich aufs Geratewohl seinen Weg suchen und weiß nicht, was weiter oben auf einen wartet. Hinaufsteigen und nachsehen ist die einzige Möglichkeit.

Jeder geht sein Tempo. Wir haben uns nicht angeseilt. Auch hier schließt sich ein Hang an den anderen an. Unsere liebe Sonne übertreibt mal wieder. Sie weicht den Schnee auf, der sich loszulösen droht. Es ist noch nicht einmal 11 Uhr. Das sind ja Aussichten für den weiteren Tag. Es scheint fast so, als könnten wir nur noch von Morgengrauen bis zum späten Vormittag aufsteigen. Dann bliebe uns wenig Zeit. Wir müssen ein Gespür für den Berg entwickeln, das ist das ganze Geheimnis.

Ein Sérac versperrt den Weg, aber rechts davon scheint es eine Passage zu geben. Schauen wir mal nach. David interessiert sich jedoch mehr für den Abstieg. Ich lasse mich nicht beirren. Der Hang steigt sehr steil an und taut ein wenig. Nicht ungefährlich also. Mich hat irgend etwas gepackt, und ich traktiere trotzdem weiter den Schnee mit den vorderen Zacken meiner Steigeisen. Der Eisenuntergrund knirscht. Dann, auf einmal, vergeht meine Anwandlung, und ich bin bereit, nach unten zu klettern.

Der Schnee ist faulig. Ich sinke bis zu den Knien ein. Manchmal noch tiefer. Außerdem ist er noch unberechenbar unterschiedlich – ideal, um sich ein Bein zu brechen. Einfach so, ohne Vorwarnung. Ein schwieriger Abstieg, aber auch eine ausgezeichnete Übung. Morgen müssen wir vor Morgengrauen aufbrechen, wenn wir was schaffen wollen.

„Vielleicht holst du besser das Seil raus. Der letzte Hang ist steil und hat eine höllisch glatte Eispassage", sagt David.

Eigentlich bin ich zu faul, den Rucksack abzunehmen und so- und soviel Meter Seil zu entrollen, die dann doch gleich wieder zusammengerollt werden müssen. Aber hier oben wäre schon ein verstauchter Knöchel ein Drama.

Rückkehr zu unserem Zelt. Ich freue mich mächtig über unsere Tour. Morgen werden wir das alles ohne Schwierigkeiten bewältigen. Die Sonne ist jetzt kaum noch zu ertragen, aber im Augenblick mag ich das Drückende, das Übermaß. Zwei Minuten später sind unsere Schuhe zerlegt und trocknen. Wenn sich in der Hitze innen Schwitzwasser bildet, hilft ein kurzes Sonnenbad oder auch ein vorsichtiges Erwärmen über dem Kocher, und alle Feuchtigkeit ist verschwunden.

Der Nachmittag zieht sich hin. Das Licht läßt nach und wird sanfter. Unsere Rucksäcke sind für morgen fast gepackt. Wir haben beschlossen, das Zelt nicht mitzunehmen. Irgendwie wird es schon gehen, daß wir unter freiem Himmel schlafen. Wir sind ja gut ausgerüstet.

Die Nacht ist im Anzug. Die Sterne zeigen sich schon blaß am Himmel. Morgen wird es also schön.

Meine Kluft

Ich prüfe eine riskant erscheinende Schneebrücke. Ich gehe drüber. Weiter oben, vor einem steilen, aber recht guten Hang, eine Passage mit nacktem Eis. Um uns herum herrliche, unter den ersten Sonnenstrahlen auffunkelnde Hänge. Sorgfältig bohre ich die vorderen Zacken meiner Steigeisen in den Untergrund. Auf keinen Fall darf ich stürzen. Ich halte den Atem an. Ein, zwei, drei Schritte. Bald ist nach einer kleinen Traverse nach rechts der Schnee besser. Ich kann wieder normal atmen, doch ich achte weiter sehr darauf, daß jeder Schritt sitzt, denn der Schnee ist noch recht hart. Der Hang verliert sich in den Himmel. Die vom Wind gekräuselte Fläche schimmert in vielen Farben. Es ist für mich einer dieser Augenblicke, wo Körper und Geist ganz in der Situation aufgehen.

Balancekünstler am Abgrund zu spielen, ist eigentlich nicht das, was wir hier tun sollten. Aber mich nervt es mal wieder, das Seil

Mit Sonnenaufgang belebt sich die Bergwelt

für ganze zehn Minuten herauszuholen. Ich weiß, das ist keine gute Einstellung.

10 oder 11 Uhr. Ich schätze es nur vom Sonnenstand her. Die Hitze ist bereits schlimm. Heute morgen sind wir um 5 Uhr aufgestanden, um dieses Mal möglichst weit hinauf zu kommen. Obwohl unsere Rucksäcke durch den Proviant für drei Tage ziemlich schwer sind, haben wir die ersten Hänge in beachtlichem Tempo geschafft. Jetzt geraten wir aber immer mehr ins Stocken. Vor wenigen Minuten haben wir einen sehr steilen, nach Osten gehenden Hang in Angriff genommen. Seit heute früh ist er also der Sonne ausgesetzt. Und in der Mitte durchzieht ihn auch noch eine Gletscherkluft. Der Schnee pappt zum Verrücktwerden. Ein Direktversuch, gerade hoch, führt nicht weiter. Ich kann den ganzen Hang zum Rutschen bringen, wenn ich weiter auf ihm herumstapfe. Nein, so komme ich keinen Zentimeter voran.

Im Schatten einer Eiskerze halten wir Kriegsrat. In ähnlicher Situation hat mich schon häufig der Teufel geritten, und auch jetzt packt es mich.

„Ich will es ohne Rucksack über diesen Einschnitt da versuchen. So kann wenigstens nicht alles wegrutschen."

Ohne Rucksack darf ich mir durch mein geringeres Gewicht viel mehr erlauben. Der Schnee wird sich dann nicht so leicht unter mir lösen. Ich plane eine Querung nach links, will die Kluft an der günstigsten Stelle passieren und anschließend weiter über den Hang aufsteigen. Ich sinke ein und grabe riesige Löcher dabei, während sich meine Arme sehnsüchtig nach der oberen Lippe des mit Stalaktiten befransten Mundes recken. Man muß schon fast schweben können, um da hinaufzugelangen. Da hilft nur fester Glaube. David ist noch nicht ganz bei mir, als ich schon zurückeile, meinen Rucksack hole und wieder hochsteige. Unangenehme Überraschung! Ich war wohl noch überzeugt, Flügel zu haben.

Nun sitze ich in „meiner" Kluft fest. Wie wenig habe ich jetzt gegen das Seil! Als ich mich mit Davids Hilfe mühsam herausgearbeitet habe, spüre ich, trotz des Schrecks in den Gliedern, noch genug Energie, um anschließend in einer kleinen talartigen Mulde zu spuren. Sie ist der reinste Backofen. David verträgt solch drückende Hitze schlechter als ich. Der Schnee blendet, daß mir fast schwindelig wird. An einem steilen Hangstück, wo jeder Schritt qualvoll ermüdend ist, übernimmt David dann doch die Führung. Langsam arbeiten wir uns in die Höhe. Alles wird allmählich weiter.

13 Uhr. Ein riesiger Sérac, der reinste Koloß, ragt vor uns auf. Der Berg kracht unter unseren Schritten – ein Geräusch, das uns kalte Schauer über den Rücken treibt.

„Wir werden uns eine schöne Pause gönnen und sogar einen Tee machen. Der Schnee ist zu gefährlich, um weiterzugehen."

„Und anschließend? Ich sehe zwei Möglichkeiten. Den großen Hang, den man da drüben nur ahnt, wo aber noch lange die Sonne hinkommt, oder diese senkrechte Schneebrücke direkt über uns. Wenn wir sie vorsichtig queren, stoßen wir bestimmt auf sanftere Hänge."

„In jedem Fall müssen wir erst einmal abwarten, bis die Sonne tiefer steht. Schau mal, der untere Teil des Hangs endet in einer Kluft, deren Ränder wulstig überhängen. Wenn wir es dort versuchen, gerät wahrscheinlich alles ins Rutschen. Außerdem, hast du die Eisbrüche weiter unten bemerkt?"

Wir harren der Dinge, das heißt der Schatten, die dem Schnee mehr Festigkeit geben sollen. Mit fortschreitendem Tag wird die Bergwelt immer schöner. Das Warten entpuppt sich jedoch als zweischneidige Angelegenheit. Kaum sind wir im Schatten, fangen wir vor Kälte zu schlottern an. Der Schnee hat deswegen aber noch längst keine festgefrorene Decke. Dauernd eilen wir auf dem

Mit fortschreitendem Tag wird die Bergwelt immer schöner

terrassenartigen Vorsprung, den David als Biwakplatz ins Auge gefaßt hat, der Sonne hinterher.

16 Uhr. Ich halte es vor Kälte nicht mehr aus und starte einen Versuch ohne Rucksack. Ich sinke bis zu den Schenkeln ein und finde nirgends einen festen Halt. Rückkehr. Wir sind fast entschlossen, unser Lager aufzuschlagen. Doch es paßt mir noch nicht so richtig. Es ist viel zu kalt, um hier stundenlang tatenlos auf den Abend zu warten.

Es kann ja nicht schaden, einen weiteren Versuch zu wagen. Also ziehe ich erneut los.

Ich hätte es mir gleich denken sollen, daß die Traverse länger ist, als ich gehofft hatte. Ich stampfe auf dem Schnee herum, bohre meine Schuhe hinein, traktiere ihn. Er ist ein bißchen fester geworden. Immer noch weiter nach rechts. Mir wird plötzlich klar, daß mein Leben am seidenen Faden hängt, wenn der Schnee unter mir wegsackt... Frösteln. Doch ich setze meine Spuren fort. Endlich die ersehnten sanfteren Hänge. Die Luft ist hier weniger schneidend. Dort, wo die Hangpartie sich in den Himmel verliert, bringt die Sonne den Schnee in allen Regenbogenfarben zum Schillern. Ich bin sicher, daß dort oben... da geht es nicht weiter. Das Seil ist zuende. Von dem verrückten Wunsch besessen, zu sehen, was noch kommt, verfalle ich auf etwas, das man in den Bergen nicht tun sollte – ich löse mich vom Seil, ramme den Pickel in den Untergrund und binde das Seil daran. Rasch wühle ich mich durch den Schnee in die Höhe und gelange in eine sonnenbeschienene Hangzone.

Ein Biwak aus heiterem Himmel

Ich träume. Die Sonne narrt mich wohl. Gleich wird sich alles auflösen. Ich wage einen Schritt, beuge mich etwas zur Seite. Das Bild verschwindet nicht. Eine Eiswand spiegelt im Licht, als wäre sie aus purem Silber. Am Fuß der Wand ein völlig ebener schneegepolsterter Vorsprung wie ein Balkon. Ein idealer, nestartiger Platz, unter freiem Himmel schwebend, den eine Fee dort hingezaubert haben könnte, wenn Feen bergsteigen würden. Es ist mild und still hier. Die Sonne verwandelt alles ringsum in strahlendes Metall. In der Ferne erheben sich ungefähr auf meiner Höhe, also 6000 Meter, herrliche schneegesäumte Gipfel. Links unten öffnet sich mir das Tal von Hushe bis zum Shyok, und weiter links erkenne ich noch den K 6 und den K 7. Was für eine überwältigende Aussicht! Ich kann nicht sagen, wie lange ich da, eine Alice im Wunderland, gestanden und gestaunt habe.

Plötzlich ist mir der Eispickel eingefallen, der ganz allein das Seil hält. Ich muß David warnen. Wir werden sowieso hier oben übernachten, weil es zu spät für einen Abstieg ist. Ich rufe mir die Kehle aus dem Leib. Ja, er will kommen. Er quält sich ziemlich voran und klappert mit den Zähnen. So lange in der schneidenden Kälte zu warten, ist schlimm. Plötzlich packt mich ein schlechtes Gewissen; ich hätte dieses Stück Aufstieg nicht mehr von ihm verlangen dürfen . . . Aber da ist David schon. Er erholt sich bald wieder und sichert mich, damit ich hinunterklettere und meinen Rucksack hole. Mit dem Gewicht auf dem Rücken ist der Weg noch weniger schön. Ziemlich ausgepumpt lande ich auf dem „Balkon".

Wir treten in die Sonne. Das goldene Licht der letzten Strahlen bezaubert uns. Diese Schönheit und Harmonie!

Während David das letzte sanfte Licht des Tages auf einem Film festhält, grabe ich eine Art Höhle in den Schnee, die uns Schutz vor dem Wind bieten soll. Anschließend breite ich die Matten aus und lege unsere Daunensäcke darauf. Der Kocher schnurrt vor sich hin, und wir schlüpfen zum erstenmal auf dieser Expedition in unsere Polarpelz-Hosen. Dann nichts wie in die Schlafsäcke. Herrliche Wärme umfängt uns. Nun noch die Schuhe darin verstauen, damit sie morgen trocken und warm sind.

Während wir unsere Suppe schlürfen, nehmen wir Abschied vom Tag. Ein Ritual bei uns. Die Sonne ist bereits seit einiger Zeit hinter den Bergen verschwunden und hinterläßt jetzt purpurviolette Lichtsäume am Himmel. Unser Biwak ist nur noch ein winziges leuchtendes Schiff, das auf einem von Minute zu Minute dunkler werdenden Meer treibt. Der Himmel hat sich inzwischen dunkelindigoblau gefärbt. Der Mond beginnt zu leuchten, und die Sterne treten allmählich klar hervor. Die Nacht hält ihren Einzug. Mir ist warm, fast zu warm, und ich fühle mich geborgen und frei zugleich. Bis ich einschlafe, höre ich den ganzen Abend über Geräusche wie von springendem Kristall, und kleine glitzernde Stücke, die sich von der Eiswand gelöst haben müssen, rieseln auf unsere Schlafsäcke herab.

Wir wachen recht spät auf und sind erst um 7 Uhr startbereit. Wir beschließen, mit wenig Gepäck loszuziehen, so hoch wie möglich aufzusteigen und für die Nacht wieder zu unserem Biwakplatz zurückzukehren. Akklimatisation ist wichtig.

Über einen Hang von 45° Neigung gelangen wir zum Kamm des großen Baiserkuchens. Er muß es gewesen sein, der gestern abend seine Eissplitter zu uns hinuntergeschickt hat. Noch keine Spur von unserem Gipfel. Unser Blick prallt nur immer gegen ein Ornament von Schneewächten. Also weiter hinauf. Das Gelände ist nicht gerade sehr sicher. Trotzdem wagen wir es, ein Auge nach links zu werfen. Und da zeigt sich uns, ganz ohne Vorwarnung, der Masherbrum. Was für ein schöner Gipfel! Drei herrliche Grate formen sich gegen den Himmel zu dem ersten, uns näheren Gipfel. Der andere, höhere, hüllt sich schamhaft in einen Dunstschleier. Er ist mit dem kleineren durch einen schmalen Grat verbunden. Zu seinen Füßen liegt ein gewaltiges Gletscherbecken.

Die beste Route zur Gipfelpartie scheint über den schönen wächtenreichen Grat zu verlaufen, der kühn in den Himmel ansteigt. Wir können unmöglich erkennen, wie er genau auf dem Plateau endet, das am Fuß des Serak Peak liegt, eines noch jungfräulichen Gipfels von 7000 Meter. Man ahnt eine Passage links von einem Séracriegel, die zur Basis der beiden Gipfel auf ungefähr 6800 Meter und zum Col in Richtung Baltoro führen muß.

Die Südseite des Masherbrum ist schon von Schleiern verhangen. Der Südgrat des Südwestgipfels scheint felsig und auch nach oben zu fest zu sein. Was den Westgrat betrifft, den wir uns ja ursprünglich vorgenommen hatten, so müßten wir, um zu ihm zu kommen, erst einige große, gefährliche Querungen unternehmen, die in einer Séracfall-Zone lägen. Dann hätten wir wahrscheinlich den richtigen Winkel, um eine mögliche Route zu erkennen. Eine ganze Expedition.

„Sehen wir uns mal den Schönen Grat näher an?"

„In Ordnung. Aber wir seilen uns an. Auf dem Weg dahin müssen wir über eine ganze Reihe von Schneebrücken, die mir nicht gerade vertrauenerweckend erscheinen."

Nach zwei Seillängen arbeiten wir uns frei ziemlich weit unterhalb des Gratrandes vorwärts. Die Bruchlinien dort zeugen von dem gewaltigen Werk der Wächten am Südhang. Die Neigung flacht ab, und wir gelangen zum Rand eines weiten Plateaus. Welche Aussicht!

Direkt vor uns in östlicher Richtung erkennen wir in der Ferne die Gruppe des Gasherbrum. Es sind insgesamt vier Gipfel, die zwei höchsten reichen über 8000 Meter. Auf dem einen sind zur Zeit die Franzosen, auf dem anderen die Japaner. Begehrte Gipfel. Das Wetter ist herrlich, und wir stehen eine ganze Weile da und betrachten das eindrucksvolle Panorama. Die Hitze nimmt von Minute zu Minute zu, und ich binde mir mein pakistanisches Tuch um, das ich im Basar von Pindi erstanden habe, damit ich keinen Sonnenstich bekomme. Die Temperaturunterschiede sind hier unvorstellbar.

Eine Trägheit befällt uns. Wir verlieren uns in der Landschaft. Sie ist so weit, so unermeßlich, so schön. Es gibt keine Zeit mehr und auch kein Ziel. Wir werden eins mit der Umgebung, die uns durch alle Poren durchdringt. Wir sind winzig und endlos zugleich.

Die Höhe macht mich betrunken. Nicht körperlich. Auf 6200 Meter gibt es noch keine Probleme, auch nicht mit der Atmung.

Eher ist es das Gefühl, die neuen Dimensionen in sich aufzunehmen und gleich am Ziel zu sein.

Ich habe auf einmal den überheblichen Gedanken: Was für einen Zirkus machen doch alle Alpinisten, wenn sie aus dem Himalaja kommen! In drei Tagen sind wir auf dem Gipfel! Kein Problem. Damit verkannte ich gründlich die Fallen, die ein Berg immer für einen bereithält, besonders in der Form von Wetteränderungen.

Wir sinken noch nicht zu schlimm im Schnee ein und wollen das Plateau in Richtung Serak Peak durchqueren. Eine halbe Stunde später wird die Hitze jedoch so fürchterlich, die Luft so drückend und stickig, daß wir von unserem Projekt ablassen. Es würde doch nicht mehr viel bringen.

Rückkehr zum Schönen Grat. Sich an den Berg gewöhnen. Der Schnee pappt in den Steigeisen, und wir schnallen sie ab. Jetzt ist er aber wiederum so fest, daß wir mit den Füßen auf ihn einhämmern müssen, damit wir Stufen bekommen. Ermüdende Angelegenheit. Die Abgründe, die wir zuvor kühn und mit Schwung gemeistert hatten, nehmen beim Abstieg ganz andere, sehr bedrohliche Ausmaße an. Auf dem Hinweg ignorierten wir sie einfach, indem wir den Blick stets sorgfältig nach oben richteten. Jetzt haben wir die Antwort auf die uns so oft gestellte Frage: "Haben Sie denn keine Angst vor der Leere unter Ihnen?" O doch, wir haben solche Angst, daß uns zwischendurch ganz flau wird...

Noch ein Steilhang, und wir sind in unserer Balkon-Festung. Der Hang kracht bedenklich unter Davids Schritten. Mein Herz klopft zum Zerspringen. David versucht, sich so leicht wie möglich zu machen, als ginge er über Eier. Meter um Meter "schwebt" er bergab. Nein, der Hang flüstert nur.

Unmerklich sind wir von einer Bruthitze in angenehme Temperaturen gelangt, die erst zur Nacht zu frostig werden. Alles ist zum Glück trockengeblieben – Daunen, restliche Kleidung. In unserem kleinen Nest träumen – welch Luxus! Tee trinken und noch einmal den Aufbruch in eine andere Welt nacherleben, verarbeiten. Ich bin ganz aufgeregt.

Mit der hereinbrechenden Abendkälte haben wir uns in unsere Schneebetten zurückgezogen, ein Auge auf den Horizont gerichtet, der langsam erstarrt, das andere auf den Kocher, der eben zum zweitenmal umgekippt ist. Das Rotgold des Sonnenuntergangs hat sich in einen dicken dunklen Riegel verwandelt.

Abendessen: Suppe, Lasagne, Rührei, Apfelkompott (alles natürlich aus gefriergetrockneter Substanz), Eisenkrauttee. Fürstlich.

Die ganze Nacht über ist es schön und relativ warm. Ein außergewöhnliches bizarres Schauspiel von Licht und Schatten zwischen dem Mond, den Sternen und den Wolken hält uns viele Stunden wach. Im Morgengrauen beunruhigen uns aufziehende Zirruswolken. Wir werden besser zum Basislager zurückkehren. Es ist erstaunlich warm, und der Höhenmesser ist auch etwas gestiegen. Keine guten Zeichen. Wir packen unsere Sachen und schlagen, zufrieden mit unserer Erkundung, den Weg in Richtung Tal und frühlingshaftes Grün ein.

Um 7 Uhr 40 kommen wir im vorgeschobenen Basislager an. Die Sonne ist schon da. Während unserer Abwesenheit hat sich der Schnee ans Werk gemacht und aus unserem Zelt einen buckeligen Block gezaubert. Drum herum ist der Boden wie ein ausgedrückter Schwamm. Wir überqueren den Gletscher ohne Schwierigkeiten in kurzer Zeit. Der Abstieg geht überhaupt recht munter vonstatten, und wir sind überrascht, wie schnell wir wieder unten stehen. Um 11 Uhr empfängt uns das Basislager mit seinen Verlockungen: Musik, weiches Gras, Nichtstun, Lesen...

Erholung im Basislager

In den fünf Tagen hat sich alles verändert. Das Gebirge hat seinen zarten, sanften Frühlingsschmuck gegen den krasseren des Sommers ausgetauscht. Die untere Partie des Gletschers ist jetzt fleckig grau, zwar häßlich, aber für den Alpinisten so viel ungefährlicher. Die Spalten und Brücken treten klar zutage und können nicht mehr ihr heimtückisches Spiel mit einem treiben. Dafür hat sich unsere schützende Mulde in ein kleines botanisches Paradies verwandelt. An den verschiedensten Stellen sind gelbe Blumen hervorgesprossen, und weitere künden sich mit Knospen an. Welch Kontrast, nimmt man die Kargheit der Höhen mit ihrem weiten Weiß und dann diese in Moränen eingebettete grüne Hirtenidylle.

Leider haben wir von den Gipfeln den Regen mitgebracht. Also verkünden auch hier die Zirruswolken schlechtes Wetter.

SCHWIERIGKEITEN

Die Lastenträger machen schlapp

Panik. Ich patsche auf Strümpfen herum, und das Wasser steht mir bis zu den Waden. Ich versuche unsere wertvollsten Sachen zu retten: Filme, Fotoapparat, Kassettenrekorder. Der Rest, Schuhe und anderes, nimmt ein großes Bad.

Das Wasser ist schlagartig eingedrungen und hat unser zweites Zelt überschwemmt. Da es etwas schräg am Hang steht und die Öffnung dem kolossalen Sturzbach zugewandt ist, der sich urplötzlich aus dem Nichts gebildet hat, staut sich der Strom im Innern und kann nicht abfließen. Das Zelt ist eben garantiert wasserdicht. Die Folge: das kalte Naß steigt von Minute zu Minute höher.

Im ersten Moment habe ich versucht, den Sturzbach umzuleiten. Vergebliche Mühe. Die Kraft der Natur ist hier unglaublich. Man darf niemals frontal dagegen angehen. Als Missetäter entlarve ich ein paar große Steinplatten. Sie stauen den Regen und den Hagel so lange, bis der berühmte nächste Tropfen das Ganze zum Überlaufen bringt. Und dann ergießt sich alles wie bei einem Dammbruch in die Tiefe, beziehungsweise in unser Zelt.

Wieder mal ein Tag, den wir mit Auswringen, Pressen, Auseinandernehmen, Trocknen und Verstauen der vom Wasser in Mitleidenschaft gezogenen Sachen verbringen. Das Wetter ist dazu völlig wechselhaft. Nach einem Regenguß oder Hagelschauer schaut kurz wieder die Sonne hervor. Sofort hetzen wir nach draußen und breiten unsere Schätze aus. Kaum sind wir damit fertig, scheucht uns der nächste Regen wieder mit allem nach drinnen.

Sollen wir das Zelt woanders aufstellen? Wir verzichten, weil uns die Erdarbeiten abschrecken. Wir weigern uns einfach, das schlechte Wetter zur Kenntnis zu nehmen und uns für längere Zeit darauf einzustellen. Nach fünf Tagen strahlender Sonne in der Höhe ist das verständlich.

Wir ahnen allerdings noch nicht, daß uns das Wetter in den nächsten vierzehn Tagen dazu zwingen wird, wie Jo-Jos zwischen dem Basislager und dem vorgeschobenen Basislager auf und abzuflitzen. Danach sind wir dann so klug, unsere Taktik umzustellen. Ohne daß wir es so richtig begreifen, nistet sich das schlechte Wetter ein und wird zum Normalzustand.

Doch jetzt, am 7. Juli, geben wir uns noch keinen pessimistischen Betrachtungen hin. Die Sonne ist wieder da, und wir sind bestens gelaunt. Sich waschen, die Luft genießen, die Wiesen, das Faulenzen. Lesen. Musikhören. Dösen.

Natürlich planen wir schon wieder, was wir als nächstes unternehmen werden. Wir wollen sogenannte Höhenrationen für zehn Tage abpacken und sie auf 5200 Meter bringen. So denken wir das Auf und Ab in dem gefährlichen Eisturm- und Spaltengebiet auf ein Minimum zu verringern. Außerdem ist das eine ausgezeichnete Gelegenheit, Inventur unserer Vorräte zu machen. Ich sehe der Sache nicht furchtlos entgegen. Schließlich sind zwei Personen zu ernähren, und ich bin nicht wie die Engländer, die sich offensichtlich ohne große Schwierigkeiten zehn Tage lang von einer Ration für fünf Tage ernähren. Aber ich hoffe, daß wir trotzdem irgendwie zurechtkommen werden. Ich will also dem Unvermeidlichen ins Auge sehen.

Ich sitze im Gras, höre mit meinen theoretischen Kalkulationen auf und baue zehn Häufchen, einen pro Tag für zwei Personen, das sind zwei Mandelschnitten, zwei Geléefrüchte, ein Stück Wurst, vier Ecken Schmelzkäse, zweihundert Gramm getrocknete Früchte, eine Tube Maronencreme, zwei Riegel Ovomaltine, zwei Tetrapacks mit Honig, eine Suppe, zwei gefriergetrocknete Gerichte, zwei Töpfchen Milch, Tee und etwas Zucker. Insgesamt wiegt das ungefähr ein Kilo. Das ist wenig, aber mal zehn doch schwer zu tragen. Das also ist die ganze Wegzehrung für die Höhe. Kein bißchen mehr. Plastikschachtel in Plastikschachtel, alles gut verstauen. Die Rucksäcke für morgen sind gepackt.

Es ist kalt. Der Wind weht von Norden. Ein gutes Zeichen. Wir sehen schönem Wetter entgegen.

Trage-Tag, unangenehmer Tag. Doch daran denke ich nicht, als wir um 6 Uhr in der Früh das Basislager verlassen. Es ist strahlendes Wetter. Der Wind scheint noch immer von Norden zu kommen. Die Luft ist noch nie so klar gewesen. Der Gletscher zeigt nur noch eine graue Eisschicht, die ihn sicherer, aber auch mühsamer zu begehen macht. Unsere Füße ächzen. Die Hänge darüber sind angenehm, der Schnee hat sich gefestigt.

Ich habe keine Ahnung, wieviel mein Rucksack wiegt. Jedenfalls spüre ich nach der Querung des oberen Gletschers Schmerzen im Rücken und besonders in den Beinen. Das ist mir noch nie passiert. Der Rucksack ist also bestimmt viel schwerer als sonst. Um gegen sein Gewicht anzusteuern, muß ich mich übertrieben weit nach vorn beugen. Ich habe das Gefühl zu kriechen, was mir ein Greuel ist. Leicht möchte ich sein, schweben, davonfliegen! Oh, ich hasse diesen Rucksack – und bald auch noch die Gluthitze.

An dem Hang, der zu unserem vorgeschobenen Basislager führt, wird sie dann auch unerträglich.

Auch David quält sich mit dem schweren Rucksack nach oben

Trotzdem steige ich weiter. Vielleicht bringt der Schnee, den ich die ganze Zeit lutsche, ein bißchen Erleichterung? Wenn kein Eisstück in Sicht ist, nehme ich einfach eine Handvoll Schnee und presse ihn ganz stark, bis er hart und „saftig" wird. Ablenkungsmanöver. Die Sonne brennt so herab, daß sie alles am Boden plattdrückt und jegliches Umherschweifen des Geistes verhindert. Stumpfsinniges Hochquälen. Der Hang hört überhaupt nicht mehr auf. Ich kann nicht mehr. David übrigens auch nicht.

„Um 11 Uhr schmeiße ich mein Zeug hin", sagt er, „ganz gleich, wo ich gerade stehe, und kehre nach unten um."

Warum ausgerechnet 11 Uhr? Dieser Zeitpunkt kommt mir zu willkürlich gesetzt vor. Wir werden es schon noch bis zum Lager schaffen. Da ist der Durchstieg. Ich brubbele vor mich hin. Jeder kleinere Eisbrocken kommt mir gelegen, um meine Last auf ihm abzustützen. Ich schleppe mich von einem zum anderen. Mein Atem fliegt, es summt in meinen Ohren.

Plötzlich befällt mich die fürchterliche Angst, ich sei in dieser großen weißen Wüste verloren, sie würde mich gleich aufsaugen, zerstören. Ich finde keinen Halte-, keinen Orientierungspunkt mehr in der Weite, denn die Séracstücke haben aufgehört.

David hat eben sein Gepäck hingeworfen. Ohne ihn weitergehen in dieser Hölle? Ich bin doch nicht lebensmüde... Und doch packt mich Ungeduld und Wut. Aber allein, das spüre ich, wäre es verrückt. Oder bin ich vielleicht schon übergeschnappt?

Den Rucksack abnehmen, auspacken. Der Gedanke, unsere zehn wertvollen Rationen einfach so in simplen Plastikbeuteln im Schnee zu lassen, schreckt mich. Ich grabe eine Kuhle, lege meine Sachen hinein und Davids Beutel obendrauf. *Inschallah!*

Lawinen? Nein, die sind an dieser Stelle unmöglich. Tiere? Auf dieser Höhe... Ich rutsche auf meinem Hinterteil den Hang hinunter.

Meine Beine tragen mich abwärts, ich weiß nicht wie. Wir haben seit heute morgen nichts getrunken, und essen gegen unseren Durst nur immer Schnee. Sage mir einer, daß man zum Vergnügen auf Berge steigt! Ich würde schwören, so etwas nie geäußert zu haben.

Der obere Gletscher. Er ist gemein hart. Bin zu faul, die Steigeisen wieder anzuschnallen. Der Rest ist Routine. Die Eisrampe, nach rechts gehen, an dem kleinen See entlang, dann ein „Flaschenhals", aufgepaßt, bei der Eiskerze links! Ein Sprung über die Spalte, deren Lippen sich bei jeder Passage ein bißchen weiter öffnen, und anschließend der letzte Hang.

Mein Fuß stößt gegen einen Stein. Auf dem spiegelglatten marmorharten Eis gibt es kein Halten. Sturz. Der Eispickel scheppert. Meine Hände dienen mir als Bremse. Blut fließt. Heilsame Erfahrung, die mich wieder zu mehr Vorsicht mahnt. Ein Beinbruch hier oben wäre eine Katastrophe. Wir sind weit weg von allem. Und im Basislager haben wir keinen Begleitoffizier, nicht einmal einen Koch. Es ist eben nicht Concordia mit einem Dutzend verschiedener Expeditionen, zum größten Teil mit Funk ausgerüstet. Wir haben die Isolation gewählt. Es wäre ungerecht, jetzt zu klagen. Außerdem ist ja nichts weiter passiert.

Wir haben uns selten so gefreut, im Basislager anzukommen, wie heute. David schläft auf der Stelle ein. Ich weiß nicht, wie er es immer fertigbringt, in allen Lebenslagen sofort wegzusein. Ich backe mir einen riesigen Chapati mit Käse obendrauf, nasche ein bißchen Süßes und vertiefe mich in meinen Roman. Schnell vergesse ich darüber mein Abenteuer als Sherpa. Ein schlechter Sherpa!

Mittwoch, 9. Juli. In meinem Tagebuch steht:

„Was für eine märchenhafte Nacht. Jetzt ist die Sonne da. Es ist herrlich, in aller Ruhe die immer bunter werdenden Wiesen zu genießen, sich treiben zu lassen und nicht mehr einem von außen aufgelegten Rhythmus folgen zu müssen wie in unserer westlichen Welt.

Eine Leere beginnt mich zu erfüllen. Ich scheue sie nicht, sondern genieße sie, fühle mich wohl. Ich ruhe irgendwie in mir selber und habe überhaupt nicht mehr das Bedürfnis, zwischendurch mit dem Berg zu ringen, um mein Nichtstun zu rechtfertigen."

Das Wetter scheint wieder unbeständiger zu werden, obwohl der Höhenmesser nicht gestiegen ist. Der Wind hat sich auf West gedreht. Ein ganzer langer Tag liegt vor uns. Einzige unbedingt zu erfüllende Aufgabe: um 17 Uhr Wasser sammeln, das dann vom großen Firnschneefeld tropft. Um diese Zeit kommt doch keiner mehr uns besuchen. Aber wir haben uns geirrt. Bei unserer Rückkehr finden wir vor unserem Zelt einen kleinen Korb mit sorgfältig in Stroh gepackten Eiern. Eine Botschaft klemmt oben in einem gespaltenen Stock, der in die Erde gerammt ist. Nachricht von unserem Begleitoffizier: Sein Bein ist nicht besser geworden. Er hat nach Khaplu zurückmüssen. Dort hat man einen Muskelriß festgestellt und ihn ans zivile Krankenhaus überwiesen. Da dort nichts frei war, liegt er im Rest House. In Hushe ist also niemand mehr. Unsere Verbindungen sind damit wohl alle abgerissen.

Wir sind also allein in diesem unermeßlich weiten Gebirge. Adieu, orangefarbenes Zelt, Tee, Atta, Dhal und Eier!

Morgen wollen wir erneut in die Höhe. Anstelle des Raid III werden wir eben ein K 2 auf 5200 Meter bringen. Das paßt uns zwar gar nicht in den Kram, denn es wiegt 7 Kilo. Vom vorgeschobenen Basislager aus wollen wir dann mit dem anderen kleinen Zelt unsere Gipfelvorstöße unternehmen. Es wäre schön, wenn

Bei unserer Rückkehr finden wir in Stroh verpackte Eier und eine Nachricht vor

wir unseren Masherbrum rasch schaffen würden. Wir könnten anschließend noch einige Zeit faulenzen, ein bißchen herumklettern und über den Masherbrum-Col zum Baltoro-Gletscher gehen.

Ein Besuch wie eine Fata Morgana

Am nächsten Tag trödeln wir, wie von einer Vorahnung geleitet, herum. Um 10 Uhr überrascht mich ein Räuspern, als ich splitternackt auf der Wiese liege. Leute auf der Moräne! Ich erkenne Shaffique erst nach einer Weile. Sein Bart ist mächtig gewachsen, und in seinen weiten pakistanischen Hosen flattert er geisterhaft den Hang herunter. Mustag ist bei ihm und noch zwei Männer. Einer davon der Lehrer. Sie bringen Gemüse – was für ein Fest! Erbsen, Salat, Zwiebeln, frische Aprikosen, Eier.

Menschliche Wesen. Merkwürdig für uns, die wir an die fünfundzwanzig Tage niemanden hier gesehen haben. Bei Tee und Zwieback unterhalten wir uns. Shaffique humpelt noch und muß sich auf einen Stock stützen. Er hat nicht nach Skardu gehen wollen, wie ihm der Arzt geraten hatte, weil er sich Sorgen um uns machte. Trotz seines Zustandes hat er auch auf den Marsch hierher bestanden, um wenigstens einmal nach uns zu schauen. Er ist glücklich, daß er uns heil angetroffen hat und bietet sich an, alles zu tun, damit wir nur zufrieden sind. Diese Pakistani! Gegen 11 Uhr brechen sie wieder auf. Sie wollen bis zum Abend in Hushe sein, und Shaffique kann kein großes Tempo vorlegen.

Bevor sie losziehen, stürzen sich der Lehrer und sein Freund noch auf unsere alten Konservendosen und leeren Gaskartuschen. Für sie sind das Schätze...

Gerührt nehmen wir Abschied und verabreden uns für den 28. Juli. Insgeheim hoffen wir, bis dahin den Gipfel in der Tasche zu haben. Ein Gruppenfoto von unserer Mini-Expedition, und dann trollen sich die Männer, verschwinden nach einer Weile über dem Moränenbuckel, als wären sie nur ein Traum gewesen.

In der trockenen flimmernden Luft dieses Tages hätten sie auch eine Fata Morgana oder eine Geistererscheinung sein können. Jedenfalls kommt uns dieser Besuch so spukhaft, so unwirklich vor, daß wir erst einmal das Gemüse betasten, um zu prüfen, ob auch alles Wirklichkeit ist. Wir sind ganz aufgeregt und außer uns vor Freude. Eine Glückssträhne! Jetzt wird uns auch das schöne Wetter nicht verlassen, und bald stehen wir auf dem Gipfel... Wie betrunken stapfen wir herum.

Erbsen pulen, Zwiebeln schälen, den Salat putzen... Der Alltag hat uns wieder. Zu Hause macht mich Küchenarbeit ganz kribbelig, aber hier bin ich geduldig und voller Vorfreude auf die frischen Sachen. Mal keinen gefriergetrockneten Schlemmertopf oder andere wohlklingende Instant-Kost ohne viel Geschmack, sondern knackiges Gemüse, auch wenn die Erbsen schon fast Stahlmurmeln gleichen.

Vorbereitungen für den Aufstieg zum Gipfel. Wir rechnen damit, daß wir zwischen zehn und fünfzehn Tage unterwegs sein werden. Insgesamt haben wir dann mindestens 80 Kilo zum vorgeschobenen Basislager hochgetragen. Verglichen mit den Großexpeditionen ist das ein Klacks. Da geht es um Tonnen von Material. Unvorstellbar!

Es hat sich etwas bewölkt. Wir genießen das. Zum erstenmal wird der letzte Hang vor dem zweiten Lager nicht so unerträglich sein.

Alles läuft bestens. David spurt. Unser Rhythmus harmoniert, unsere Schritte kommen wiegend. Wir steigen ohne Schwierig-

122

Hier macht mir Küchenarbeit Spaß ...

Wir steigen ohne Schwierigkeiten über den Gletscher

keiten über den Gletscher. Trotzdem müssen wir aufpassen. Er arbeitet heftig, und es haben sich zu seinem Ausgang zu gemeine neue Gletschertöpfe gebildet.

Ich bin auf Sichtweite an unsere das letzte Mal zurückgelassenen Sachen heran. David ist sogar schon bei ihnen und bückt sich.

„Stell dich auf eine Katastrophe ein!" Davids Stimme klingt so gebrochen ...

Ich beschleunige meinen Schritt, begreife aber erst, als ich bei dem Tohuwabohu im Schnee ankomme. Unsere Tagesrationen für die große Höhe, beziehungsweise was davon übrig ist, gleichen einem kleinen Müllhaufen. Alles ist aufgerissen und ausgeleert. Unsere Plastiktüten und Plastiknäpfe sind wild zerfetzt worden, und der Wind treibt überall Stückchen davon munter über den Hang. Verdammt! Das kann doch nicht wahr sein! Die Tuben mit Maronencreme haben lauter Löcher. Die Verpackung der Ovomaltine-Tafeln ist aufgerissen. Federn weisen auf die Übeltäter hin. Raubvögel. Wir stehen völlig entgeistert da. Endlich raffen wir uns auf und beschließen, erst einmal unsere Rucksäcke bis zum Zelt zu bringen und nachzusehen, ob es überhaupt noch dasteht oder längst in irgendeiner Spalte liegt. Dann wollen wir die schäbigen Reste unserer Verpflegung einsammeln. Viel wird es wirklich nicht mehr sein.

Das Zelt steht zum Glück noch. Aber auch hier sieht es eher wie auf einem Schlachtfeld aus. Dieselben Räuber müssen am Werk gewesen sein. Sie haben aus einem Schneeloch all unsere Abfälle gebuddelt und sie überall verstreut. Doch mehr ist ihnen offensichtlich nicht in die Schnäbel gefallen. Also eilen wir zu unseren kärglichen Resten zurück, um Bilanz zu ziehen. Die Lebensmittel sind nicht wieder zu ersetzen. Sollte zu wenig übrig sein, können wir uns den Gipfel aus dem Kopf schlagen.

Hastig durchwühle ich den Schnee auf der Suche nach einer Mandel, einer Aprikose, einer Rosine ... Immer wieder picke ich etwas heraus. Die Bountys aus Pindi, die da schon etwas ranzig schmeckten, sind jetzt auch noch schimmelig geworden. Es stellt sich heraus, daß unsere Räuber viel schärfer auf Wurst und Schmelzkäseecken als auf Süßes gewesen sind. Denn davon ist zu unserem großen Leidwesen nicht ein Krümel mehr übrig. Hier und da finde ich noch Stanniolpapier und Etiketten. Auf einem ist noch gut die lachende Kuh zu erkennen. Vierzig Eckchen von diesem Käse sind verschwunden, der zu Hause nichts Besonderes ist, aber hier eine nahrhafte Delikatesse für uns gewesen wäre.

Zum Heulen. Aber was soll's. Diese gefiederten Biester sind offensichtlich sehr für Neues aufgeschlossen. Denn in dieser Region kennt man keinen Käse.

Ergebnis: zwei Kilo Verlust mindestens. Das sind über zehn Prozent unserer gesamten Verpflegung. Der Weg zum Gipfel wird hart werden... Und wenn dann noch schlechtes Wetter dazukommt...

Der Rest des Tages ist dem Aufbau des Lagers gewidmet. Montage des K 2. Mit seinem stabilen Gestänge hält es besser ungünstigen Witterungsverhältnissen stand. Den Boden ebnen. Tee kochen. Das Wetter sieht für morgen nicht besonders aus. Was soll's, wir haben dann Zeit, unsere übriggebliebnenen Rosinen zu zählen...

12. Juli. Wie zu ahnen war: Es schneit! Fades Wattewetter. Wir haben hier oben so gut geschlafen wie unten auf unserer Wiese. Unsere körperliche Verfassung ist ausgezeichnet.

Als ich morgens den Tee kochen will, stelle ich im letzten Moment fest, daß das Gummiverbindungsstück des Kochers durch den Frost an der leeren Gaskartusche klebengeblieben ist. Um ein Haar hätte ich beides zum Abfall geworfen und mich dann totgesucht. Denn ohne dieses Ding gibt es keinen Tee, ja nicht einmal Wasser. Die anderen Kocher haben wir unten gelassen. Und auf diesen Höhen muß man extrem viel trinken.

Das K 2 ist geräumig und mit seinem Innenzelt aus Seide sehr komfortabel. In der Apsis kann man gut kochen. Ein weiterer Vorteil: Wenn es warm ist, schmilzt der Schnee sehr rasch, und wir haben das reinste Plantschbecken auf dem Dach, aus dem wir dann unser Trinkwasser schöpfen können.

Ich stecke die Nase nach draußen. Es schneit noch immer. Ein Ruhetag also. Die ausgestreckte Lage wird schon zur Gewohnheit.

Das Gewicht des geschmolzenen Schnees verwandelt unser
Zeltdach in eine Badewanne

Lesen – wir haben ein Buch für zwei mitgenommen, soviel Vertrauen hatten wir in das Wetter. Jeder vergräbt sich in die Daunen seines Schlafsacks und hängt seinen Gedanken nach.

Nur der Hunger holt uns aus unseren Kokons. Wir sind jetzt drei Wochen im Gebirge, und unser Appetit hat tüchtig zugenommen. Dabei erlauben unsere Vorräte nur eine Schlankheitsdiät...

Morgen wollen wir zu einem Gipfelversuch aufbrechen. Ich stelle Proviant für sechs Tage zusammen. Auch wenn ich die Tuben mit der Maronencreme und die Tüten der Suppen notdürftig reparieren kann, gelingt es mir doch nicht, die Wurst und den Käse wieder herbeizuzaubern. Wir werden also darauf verzichten und den Gürtel enger schnallen müssen.

Bei dem anhaltend schlechten Wetter beschleicht uns schon Zweifel, ob wir den Gipfel je erreichen werden. Wir sind auch nur mit dem leichten Sierra Design ohne Innenzelt für die großen Höhen ausgerüstet.

Es schneit auch den ganzen Abend, was unseren für den nächsten Tag geplanten Aufstieg in Gefahr bringt und noch mehr Sparmaßnahmen beim Essen ankündigt. Entsprechend mager fällt auch unser Abendbrot aus: eine Suppe ohne Einlage, die wir aus Pindi mitgebracht haben und die nach scharf gewürztem Staub schmeckt; ein Chop Suey mit Rindfleischkrümeln, gefriergetrocknet natürlich; ein Stückchen Savoyenkäse, so winzig, daß man überhaupt nicht schmeckt, was es ist, und ein paar süße Brosamen vom Mahl der Raubvögel.

Ich werde um 3 Uhr 30 wach und schaue hinaus. Alles ist dick mit Schnee bedeckt. Der schwarze Himmel schickt weitere Flocken herab. Ich rolle mich wieder ein.

7 Uhr 30. Es schneit noch immer. Ritual des Morgen-Tees, bevor wir unsere Haferflocken verschlingen. Der Höhenmesser ist

um dreißig Meter geklettert. Dabei brauchen wir einen richtigen sonnigen Nachmittag, damit sich die Hänge „reinigen", wenn wir wenigstens morgen aufsteigen wollen. Wieviel Schnee wird auf 7000 Meter liegen?

Es folgt ein Tag wie schon viele andere, deren weiteren Verlauf wir bereits am frühen Morgen beschreiben können: lesen, Eintragungen ins Tagebuch, mit unseren Gedanken zwischen der Wirklichkeit und den Träumen hin- und herreisen . . .

Nicht einmal Aufheiterungen an diesem Freitag, nur ab und zu ein Schwall warmer Luft. Wir horchen jetzt aufmerksam auf sich lösenden Schnee. Das Wetter wäre danach. Wir haben zwar bestimmt den sichersten Platz auf dem Plateau für unser Lager ausgesucht, aber das heißt noch lange nicht, daß er von Lawinen verschont bleiben muß.

David wirft nach einem dumpferen Grollen als sonst einen Blick nach draußen.

„Komm schnell raus, jetzt erwischt's uns!"

Ohne nachzudenken stürze ich auf Strümpfen nach draußen. Der Schnee reicht mir bis zu den Knien. Über uns ist der ganze Hang dabei, sich in Bewegung zu setzen. Das Gewicht des neuen Schnees hat den alten zum Rutschen gebracht. Die Lawine ist deshalb ziemlich langsam, aber schwer. Wir versuchen nach rechts zu fliehen. Eine weitere versperrt uns jedoch den Weg. Auf einem Stück von etwa 200 Meter ist alles am Rutschen und Herabstürzen.

Staunend stehe ich da. Wir selber sind nicht unmittelbar gefährdet. Jetzt erst merke ich, daß ich ohne Schuhe in dem tiefen Schnee stehe, eine Tasse in der Hand. Ich hatte gerade meinen Tee getrunken. Es ist 13 Uhr. Voller Entsetzen beobachte ich die Schneemassen, die sich unerbittlich auf unsere Zelte zu herabwälzen. Unsere gesamte Habe ist bedroht: Lebensmittel, Schuhe,

Schlafsäcke, Jacken . . . Die Zukunft unserer Expedition hängt am seidenen Faden!

Der riesige Schneerutsch setzt seinen Weg fort . . . Mir stockt der Atem. Auf der anderen Seite unserer Zelte ist eine Gletscherspalte. Ich sehe schon alle Sachen, auch meine Schuhe, darin verschwinden . . .

Große Erleichterung! Die Schneewelle bleibt etwa zehn Meter von unseren Zelten entfernt stehen. Sie hat alle Hänge leergefegt. Unser Aufstieg in die Höhe führt jetzt über blankes Eis.

War das ein Schock! Es schneit übrigens kräftig von neuem. Wieder in unserem Unterschlupf, wird mir langsam klar, daß das große Himalaja-Spiel beginnt. Der vor wenigen Tagen noch zum Greifen nahe Gipfel ist auf einmal in ungeheure Ferne gerückt. Da wir den Berg nicht mit Fixseilen rüsten, haben wir keinen Grund, bei schlechtem Wetter weiter hier oben zu bleiben.

Unsere Lebensmittel reichen nicht, um einer Belagerung standzuhalten. Unsere Situation ist so mies wie das Wetter. Der Himmel und der Höhenmesser lassen kaum auf eine Änderung hoffen. Wir beschließen deshalb, beim ersten Aufklaren zum Basislager zurückzukehren. Um 16 Uhr reißt der Himmel dann auch auf. Rasch sind wir startbereit. Ich verstecke die Lebensmittel ganz sorgfältig im K 2. Das erscheint mir ratsam. Und was ist, wenn etwas mit den Zelten passiert? . . . Das sind eben die Risiken einer Expedition.

Im Séracfeld wirkt die Landschaft im trüben Licht gespenstisch. Dank unserer Goretex-Kleidung kommen wir trocken im Basislager an.

Einfall bei den Menschen

Heimtückisch schiebt sich das Wetter in den Mittelpunkt unserer Ängste. Die Sorge um die Lebensmittel geht damit einher. Unser erster Plan war, falls keine Wetterbesserung eintritt, nach Hushe hinabzusteigen und unsere kargen Vorräte um die wichtigsten Dinge zu ergänzen: Atta, Tee, Zucker, Kartoffeln. Was macht man ohne Tee in der Höhe?

Angesichts einer blassen Sonne stellen wir unseren Plan in Frage. Wäre es nicht besser, alles, was wir noch an Eßbarem besitzen, einzupacken und uns so schnell wie möglich auf den Weg nach oben zu machen, damit wir auch die kleinste Schönwetterphase für den Gipfelgang nutzten? Im vorgeschobenen Basislager haben wir Proviant für sechs Tage in großer Höhe. Es muß möglich sein, ihn noch um fünf Tage zusätzlich zu strecken. Hier unten sind noch Lebensmittel für eine knappe Woche. Mal sehen!

14. Juli, zwölf Uhr mittags. Das Wetter hat mal wieder das Basislager heimgesucht. Ein Vorgeschmack auf den Monsun? Wir sitzen auf einem regelrechten Wasserbett. Der Boden schwappt bedenklich unter dem Kocher, auf dem wir gerade unseren Reis zubereiten wollen. Wir haben nämlich vorsorglich eine Plane unter das Zelt gelegt. Sie dichtet gut ab und wirkt wie ein Floß. Der Sturzbach fließt unter uns hinweg. Warum sollen wir irgendwas dagegen unternehmen? Noch sind unsere Sachen trocken, und draußen schüttet es.

„Wenn sich Petrus beruhigt hat, verlegen wir sofort unseren Lagerplatz. So geht es nicht mehr", sagt David.

„Gut. Aber wo sollen wir das Zelt denn aufstellen? Viele Möglichkeiten haben wir nicht..."

Wieder Knochenarbeit. Den Boden aufhacken, Steine herausholen und wegschleppen, Löcher zuschaufeln, das Zelt abbauen und wieder aufbauen... Wir haben den ganzen Nachmittag damit zu tun. Der Abstieg nach Hushe ist erst einmal völlig aus unserem Kopf verdrängt.

Der nächste Tag ist so unbeständig wie der vorige. Regen und schwache Aufheiterungen wechseln einander ab. Unentschlossenheit auch bei uns. Sollen wir hochsteigen? Doch nach Hushe gehen? Schwierig zu ahnen, was das Richtige ist.

Nebelschwaden treiben über uns hinweg und hängen sich um die Berggipfel. Immer dann, wenn sich alles verfinstert und der Hagel herabprasselt, ärgern wir uns, daß wir unsere Schritte nicht in Richtung Menschen gelenkt haben. Wir müssen diesem höllischen Kreis der Entscheidungslosigkeit sprengen, der uns nur ungeduldiger und zweifelnder werden läßt. Morgen in aller Frühe darf es kein Hin und Her mehr geben. Ist es schön, steigen wir zum vorgeschobenen Basislager auf. Wenn nicht, machen wir uns auf den Weg nach Hushe.

Die Entscheidung ist gefallen. Wir gehen über einen dicken Pflanzenteppich; unter unseren Schritten zerplatzen Abertausende von Wassertropfen, die überall funkelnd an den Grashalmen hängen. Der Regen hat vor einiger Zeit aufgehört, und der Himmel wird heller. Die Moränen sind nicht wiederzuerkennen. Überall sprießen dicke Büschel von Blumen und Kräutern. Es ist einen Monat her, seit wir in entgegengesetzter Richtung hier entlanggekommen sind. Auch der Gletscher hat sein Aussehen verändert. Das Wasser, der Wind und die Sonne haben ihn so umgestaltet, daß er uns überall Hindernisse entgegensetzt:

Schluchten mit reißendem Wasser, pfeilerartige Gletschertische, die wie Stacheln aus dem Boden ragen, unergründliche gigantische Gletscherspalten . . .

Alles wirkt einzigartig und verzaubert. Wir entdecken eine neue Welt, in der wir wie schwerelos kreuz und quer dahintreiben. Vier Wochen haben wir nichts anderes gekannt, als zwischen unserer abgeschlossenen Hirtenidylle und den weißen Höhen hin- und herzupendeln.

Wir erreichen Shakshah und haben den Eindruck, wir seien auf dem Mond gelandet. Das Lager ist völlig verlassen wie nach einer Katastrophe.

Ohne Rast zu machen, lenken wir unsere Schritte nach rechts zum Talinnern. Der Weg nach Domson führt über eine Brücke über den Hushe River. Da ist er schon. Also sind wir richtig. An die zehn Minuten laufen wir an dem brodelnden Wasser auf und ab, ohne es wahrhaben zu wollen: der Stamm, der lose von einem Ufer zum anderen verlegt worden war, ist von der Gewalt der Fluten weggerissen worden. Da stehen wir nun, betäubt von dem Tosen des Baches und der schlimmen Entdeckung.

„Am besten wir gehen immer am Wasser entlang, dann finden wir bestimmt eine andere Brücke."

Ich bin unverbesserlich. Für mich ist immer alles möglich.

Die Sonne brennt. Es ist Mittag. Die Millionen vom Wasser und den Jahren ausgebleichten Kiesel bilden einen riesigen Platz hier am Ende dreier Täler, der eine Gluthitze abstrahlt. Seit heute morgen haben wir nichts mehr gegessen und getrunken. Wir suchen zwei Stunden verzweifelt nach einem Übergang. Es gibt aber keine weitere Brücke.

Um nach Hushe zu gelangen, bleibt uns schließlich nichts weiter übrig, als fast bis Shakshah zurückzugehen, dort den Gletscher zu queren und das linke Ufer zu nehmen. Schaffen wir es überhaupt noch, vor Einbruch der Nacht das Dorf zu erreichen? Unsere Moral ist am Boden.

Zermürbender Aufstieg unter einer mörderischen Sonne. Wir sind uns gar nicht mehr so sicher, daß wir unsere Proviant-Mission überhaupt erfüllen werden.

Nach vielem Hin und Her verlassen wir gegen 17 Uhr den Pfad und begeben uns auf das Geröll des Gletschers. Die Steine rutschen immer wieder unter unseren Füßen weg oder kippen um. Ein Kunststück, Domson mit heilen Knochen zu erreichen. Unsere müden Beine streiken fast auf dem holperigen, dicht mit Gestrüpp bewachsenen letzten Stück. Es fällt uns schwer, den Weg zu finden. Als wir endlich das Lager erreichen, ist es genauso verlassen wie Shakshah. Kein frischer Fußtritt, keine Tierspur in dem sandigen Boden. Die ganze Gegend scheint wie durch einen bösen Zauber entleert.

Ein frischer Wind weht zwischen den Tälern, die Sonne steht jetzt tief. Die Wege sind breit und weich. Wir setzen unseren Gewaltmarsch fort. Keine Pause, nichts. Unser einziger Gedanke: Hushe vor Beginn der Nacht zu erreichen!

Den Blick nur starr vor mich hin gerichtet, bin ich unempfänglich für alles andere, für die Landschaft, das Grün, die Schmerzen, den Hunger, den brennenden Durst. Ich gehe, ohne zu wissen, wie. Eigentlich merke ich gar nicht mehr, daß ich mich fortbewege. Wir sind wie aufgezogene Spielzeugmenschen.

Die Nacht bricht herein und hüllt alles in Dunkel, während ich gerade die Brücke, die zum Ort führt, überquere. David muß schon da sein; er war mir weit voraus.

Nach zehn Minuten habe ich ihn eingeholt. Ich fühle mich wie eine aufgescheuchte Fledermaus, als ich in den flackernden Schein einer Öllampe trete. Wir sind in der Hauptgasse von Hushe. Um uns Menschen. Seltsam, alle zu sehen. David erkundigt sich:

„Captain? Mustag?"

„Dispensary. Ambulanz-Station."

Der schöne Jäger von Hushe tritt ins Licht. Mit Bestimmtheit nimmt er uns unsere zwei Rucksäcke ab und führt uns – wieder einmal – durch das Labyrinth der Dorfgassen. Um uns herum Flüstern, Schatten, blitzende Augen. In der Dunkelheit müssen Dutzende von Menschen um uns herumhuschen. Ich bekomme es fast mit der Angst zu tun. Wir sind wirklich von einem anderen Planeten.

Etwa eine Viertelstunde später stehen wir vor der Tür der Ambulanz-Station. Mustag öffnet. Er begrüßt uns überschwenglich. Shaffique auch. Es ist 20 Uhr 30.

Wir sind in ihre kleine Welt hereingeplatzt und fühlen uns die ersten Minuten so fremd wie Außerirdische. Nach ein paar Tassen Tee sind wir jedoch wieder fähig, Kontakte zu knüpfen, uns auf die Menschen einzulassen. Unser Begleitoffizier hat in gewisser Weise das Arzthaus annektiert. Es ist geräumig und recht gemütlich. Wir sitzen auf Teppichen und leeren eine Tasse Tee nach der andern. Wohlbehagen macht sich breit.

Das Haus ist der reinste Ameisenhaufen. Jeder hat darin seinen bestimmten Bereich. Shaffique bildet die Spitze der Hierarchie. Dann folgt Mustag mit seinen zahlreichen Gehilfen, wovon der eine die Aufgabe hat, das Feuer anzuzünden, der andere, den Reis zu verlesen, der nächste, die Wäsche zu waschen. Eine Stufe darunter kommt der Mann, der im Hof das Brennholz kleinhackt. Und auf der untersten Sprosse der sozialen Leiter steht der Nachtwächter.

Offensichtlich langweilt sich Shaffique sehr. Sein Plan, dem Lehrer Englischunterricht zu geben, scheint aus mysteriösen Gründen gescheitert. Sein kranker Fuß hindert ihn daran, durch die Gegend zu spazieren. Also beschränkt er sich darauf, ins Dorf zu humpeln, wenn er keine Lust mehr zum Lesen hat oder es im Radio keine Pop-Musik gibt.

Da Ramadan (Fastenzeit) ist, hat Shaffique noch nichts gegessen. Er muß damit warten, bis es draußen absolut dunkel wird. Mustag hantiert in der Küche. Ich glaube, er hat begriffen, daß wir am Verhungern sind. Jedenfalls deutet die Höhe des Chapati-Stapels darauf hin. Außerdem duftet schon ein Hammelgericht – zu Ehren Allahs und wohl aus Mitleid mit uns. David bestellt sich trotzdem noch ein Omelett. Ah, und dann bietet uns dieser tolle Koch auch noch frisches Gemüse und Kartoffelstücke im Ausbackteig. Wir sind in einem Schlaraffenland gelandet.

Shaffique erzählt uns den neuesten Klatsch. Drei Engländer sollen, als Trekking-Touristen getarnt, zu einer britischen Expedition gestoßen sein, die legal den K 7 besteigen will. Die pakistanischen Behörden verstehen in solchen Dingen keinen Spaß und haben ihnen die Polizei von Khaplu auf die Fersen gehetzt.

Herrlich gesättigt sitzen wir da, schwatzen und lachen. Mustag ist ins Dorf gegangen, um für uns Atta, Reis, Dhal, Tee, Eier und Zwieback zu besorgen. Shaffique will uns seine Marmelade spendieren. Und als er merkt, daß wir nur noch den Wunsch haben zu schlafen, bietet er uns auch noch sein Zimmer an.

Dieses schlechte Wetter ist anscheinend eine höchst seltene Ausnahme hier. Jedenfalls behaupten das die Leute. Wir können uns also beruhigt dem heilsamen Schlaf hingeben. Es wird schon alles werden.

Rückkehr in die Einsamkeit der Höhen

Um 5 Uhr 30 werden wir wach. Üppiges Frühstück mit Chapatis, Marmelade, Cornflakes und Tee. David hat endlich mal wieder das Gefühl, satt zu werden. Die Kräfte kehren zurück. Mustag hat, zuvorkommend wie immer, ein Picknickpaket für uns zurechtgemacht und schenkt uns eine Schachtel Zigaretten.

Wir gehen, ganz protokollarisch von Shaffique und Mustag begleitet, durch den Ort. Unterwegs pflückt uns unser Offizier ein paar Salatblätter aus einem Garten. Er ist hier wie zu Hause. Das Ansehen der Armee öffnet ihm Tür und Tor.

Bei der Brücke, die über den Hushe führt, verabschieden wir uns mit wenigen Worten, aber sehr gerührt.

„Viel Glück. Bis bald. Kommen Sie siegreich zurück."

„Inschallah. Danke für alles."

Erfüllt von neuer Kraft und mit neuem Auftrieb marschieren wir schnell voran. Einige Holzträger kommen uns entgegen. Wie sich das Tal gewandelt hat! Gestern waren wir nicht in der Lage gewesen, das wahrzunehmen. Alles ist grün. Der Weg ist nur noch ein schmaler Trittpfad zwischen Kräutern und Unkraut, Kartoffeläckern und Feldern, auf denen das Getreide schon recht hoch steht. Der Boden ist feucht. Überall gluckert Wasser, springt in kleinen Kaskaden die Terrassen herunter oder tritt über die Ränder der Bewässerungskanäle. Das Leben platzt aus allen Fugen. Der Himmel ist tiefblau, und das Morgenlicht vergoldet nach und nach den Fels.

Beschwingt steigen wir zu unseren Planeten zurück, das Herz voller Hoffnung. Domson. Wir ahnen so etwas wie Spuren und lassen uns von ihnen leiten. Sie führen uns zu einem Berghang, der viel höher hinaufreicht als der Gletscher.

„Der Weg scheint ganz gut. Gehen wir doch nach rechts weiter. Das bringt Abwechslung. Wir queren dann den Gletscher an der höchstmöglichen Stelle", schlage ich vor.

„Schau mal, die schöne Sicht auf den Masherbrum von hier aus. Sie ist nicht so verstellt wie auf der Seite von Shaksah. Es wirkt hier auch alles wilder."

Der Pfad verliert sich zwischen dem Gras und all den Blumen, die im Juli in solchen Höhen blühen. Einige Mäuerchen und Schuppen zeugen davon, daß Hirten hiergewesen sein müssen. Wir gehen an der stellenweise sehr zerklüfteten Moräne entlang und landen an einer dieser wunderbaren amphitheaterartigen Sandkuhlen, von denen man vorher immer nichts ahnt. Dort grasen friedlich Yaks, Ziegen und Schafe. Menschen lassen sich nicht blicken.

An einen Felshang schmiegt sich eine Treppe aus Schieferplatten. Eine geniale menschliche Konstruktion, die hinter dem Wasser eines Gletschersturzbaches entlangführt. Dieser macht an der Stelle, künstlich abgelenkt, eine großen Sprung, um erst fünfzehn Meter tiefer krachend und schäumend auf einen nackten Stein zu treffen. Wir drücken uns rasch hinter dem spritzenden Strom vorbei und hoffen, daß uns auf den Stufen nicht plötzlich ein Yak gegenübersteht, das stets die Angewohnheit hat, unbeirrbar seinen Weg fortzusetzen. Und der ist verdammt schmal ...

Andere grüne Paradiese. Die Ziegen und Schafe haben eine Menge Junge. Eine muntere Truppe macht es sich zwischen den letzten dahinschmelzenden Firnfeldern am Rand eines kleinen Wasserlaufs bequem. Idylle. Eigentlich wollten wir erst später rasten, aber wir schlürfen das kühle Wasser, auch wenn es durch die Weiden vielleicht nicht ganz so rein ist wie weiter oben. Dann verschlingen wir das ganze Omelett und die Teigtaschen, die uns Mustag eingepackt hat. Eine Wonne. Es ist gut 14 Uhr, als wir weiterziehen.

Vor uns liegt ein Hirtenlager. Es ist wie alle anderen: eine beachtliche Anzahl von Steinhütten mit flachen Dächern. Sie klumpen zusammen, dicht an dicht an eine Moränendüne gelehnt, die sich wie eine riesige Welle in den Himmel türmt.

Reglos und in Reihen versammelt erwarten uns die dort lebenden Menschen. Ihre Kleidung hat auch hier die Farbe ihrer Tiere. Die Erde ist so dunkel, noch matschig vom Schmelzwasser, so daß sich die Gestalten nur schwer davon abheben. Wir brauchen eine Weile, bis wir merken, daß die Hirten alle Frauen sind. Einige kauern in der Hocke und spinnen, andere stehen, eine schwere Kiepe auf dem Rücken, und sehen uns aufmerksam an.

Die einzigen hellen Punkte an diesen dunklen Gestalten sind das Weiß ihrer Augen und ein paar abgegriffene Münzen, die sie sich auf ihre Mützen genäht haben.

„Milk?"

Das junge Mädchen, das uns das Angebot macht, lächelt freundlich und fragt, ob wir auch Joghurt wollen. Wir nehmen begeistert an.

Als wir die dicke säuerliche und herrlich erfrischende Milch schlürfen, denke ich an all die Männer dieser Frauen, die im Augenblick unterwegs sind und wer weiß wie viele Tonnen Material für irgendeine Expedition in die Höhe tragen. Der Ansturm von Bergsteigern in diesen Hochtälern ist eine heikle Angelegenheit, wie überhaupt der Tourismus in unberührten Regionen oder armen Gebieten der Dritten Welt. Einerseits geben die Großexpeditionen den Baltis die Möglichkeit, Geld für den

Unterhalt ihrer Familien zu verdienen, aber sie zerstören auch die festgefügte, sehr einfache bäuerliche Welt. Wenn nämlich 1500 Hochträger durch die Gegend ziehen, unterwegs überall Holz für die Feuerstellen abschlagen, von den Alpinisten verpflegt und versorgt werden und ihre Felder nicht mehr bestellen, gerät die wirtschaftliche Struktur der Gegend aus dem Gleichgewicht. Auf lange Sicht hin ist es nämlich recht ungewiß, daß die verdienten Rupien auch ausreichen werden, die Nahrungsmittel zu kaufen, die sie sonst selbst angebaut hätten. In jedem Fall werden die Männer zu Lohnabhängigen der Expeditionen, sind eines Tages völlig auf sie oder andere Touristen angewiesen oder strömen in die Städte, ohne dort Arbeit zu finden. Aber dürfen wir ihnen wiederum gegen ihren Willen verordnen, bei ihren Tieren und auf den Feldern zu bleiben, nur weil einige Europäer darin das Glück für die Leute sehen? Kann und soll man eine Entwicklung aufhalten, die nun einmal begonnen hat? Einige Hochträger beklagen sich schon, nicht genügend Arbeit zu bekommen.

Natürlich wäre ohne die Großexpeditionen das traditionelle Leben hier nicht so schnell gestört worden. Manche Alpinisten sind mit Traktoren in die abgelegenen Täler vorgerückt und haben taktlos die technischen Kinkerlitzchen, den Fetisch der reichen Industrienationen, mitgeschleppt und die Einheimischen in ihrer Kultur verunsichert, statt sich auf sie einzustellen.

Die Expeditionen jetzt kurzerhand zu verbieten, würde das Problem auch nicht mehr lösen. Man sollte statt dessen in Zukunft mehr darauf achten, sich behutsamer zu verhalten. Die Kleinexpedition ist da dem Massenbetrieb der großen voraus, weil sie sich ganz anders anpassen kann und auch muß. Noch ein Grund, warum ich immer für diese Expeditionsform war.

Doch die Entwicklung läßt sich eben nicht mehr zurückdrehen, und die Alpinisten werden weiter den Prozeß der Modernisierung beschleunigen, an dem auch die Armee mit ihrem Straßenbau nicht ganz unschuldig ist. 1955 mußte man noch ab Skardu zu Fuß nach Hushe gehen. Wir brauchten das jetzt, 1980, erst ab Khaplu zu tun, und in zwei, drei Jahren wird man mit Jeeps oder Traktoren bereits bis nach Hushe fahren können. Es ist abzusehen, daß man in fünf oder zehn Jahren zu Kletterkursen am K 6 oder K 7 fährt, wie vor zwanzig Jahren nach Chamonix.

Noch einen Becher oder zwei von diesem köstlichen Joghurt. Mit Bedauern müssen wir den Tee ablehnen, den man uns auch noch anbietet. Wir wollen bis zum Abend im Lager sein und haben keine Ahnung, wie wir hinkommen werden.

Wir steigen zur Schulter der Moräne hoch. Von hier oben sind die Hirtinnen, die uns so herzlich empfangen haben, nur noch winzige schwarze Punkte. Moräne folgt auf Moräne. Hier, an der Schnittstelle zweier Gletscher, treffen sie aufeinander wie wild brandende Wellen. Vorsichtig setzen wir unsere Schritte auf den einen dieser steilen und zugleich rutschigen Hänge, wo sich ständig Steine lösen. Ein Adler zieht über uns hinweg und schiebt sich dunkel und drohend vor die Sonne. Nein, ich bin kein zartes Lamm...

„Siehst du eine Möglichkeit? Bei mir geht es nicht weiter."
„Hier schaffen wir es wahrscheinlich."

David springt von einem Felsblock herunter, auf den er gestiegen war, um einen Weg in dieser grauen Eintönigeit aus Steinen und schmutzigem Gletschereis zu finden. Seit zwei Stunden irren wir jetzt schon auf dem Gletscher umher und suchen vergeblich die andere Seite zu erreichen. Unsere vermeintlichen Routen enden immer plötzlich auf dem „Gipfel" großer Eisklippen, und wir haben nur Turnschuhe an. Unzählige Male heißt es umkehren und nach einer anderen Passage Ausschau halten. Nichts hängt hier zusammen...

Kurz vor 17 Uhr gelangen wir endlich erschöpft auf vertrautes Gebiet. Hier kennen wir jeden Stein. Bald sind wir im Lager zurück. Diesr Ausflug nach unten hat uns trotz der Strapazen belebt. Wir haben die Gewißheit mitgebracht, daß das schlechte Wetter nur vorübergehend sein kann, haben neue Landschaften gesehen und sind im Hirtenlager von Shospan lieben Menschen begegnet. Der Abend endet in glücklicher Stimmung.

Die nächsten zwei Tage ziehen sich schrecklich träge dahin. Das schlechte Wetter ist doch wiedergekommen. Außerdem muß das Darmmittel mal wieder Wunder vollbringen. Diesmal hat es David erwischt. Zum erstenmal erleben wir hier oben ein Gewitter. Ein beeindruckendes Schauspiel. Wir können es jdoch nicht so richtig genießen, unsere Stimmung ist mal wieder gefährlich in Richtung Nullpunkt gesunken.

Dabei meine ich, nicht mit Flausen im Kopf hergekommen zu sein. Mir war von vornherein klar, daß Expeditionen nicht so sind, wie sie immer in den Büchern beschrieben werden: heldenhafte, romantische Akte, die reinsten Schlachten um den Berg, Schweiß, Blut, Tatkraft und Männerfreundschaft bis in den Tod. Ich wußte, daß es harte Arbeit sein würde und auch Begegnung mit der Angst und den eigenen tiefen Schichten. Doch ich hatte nicht damit gerechnet, daß die inneren Abenteuer soviel Raum einnehmen und so unerbittlich und fordernd sein würden. Eingehüllt in meinen Daunenschlafsack schwinge ich schon wieder zwischen der Wirklichkeit und Innenwelten hin und her und verliere zuweilen das Gefühl, wo ich tatsächlich zu Hause bin.

Die Musik ist eine hervorragende Ablenkung. Sie verhindert, daß wir überschnappen, oder meinen, es zu tun. Allmählich begreifen wir, daß das schlechte Wetter, ob nun typisch oder nicht, Tatsache ist. Unsere neuerworbenen Atta- und Reisvorräte reichen nicht für alle Ewigkeit, das muß uns klar sein. Es bleibt uns also nichts anderes übrig, als uns auf den Regen, den Hagel, den Schnee und das Eis einzulassen. Wir werden es so hoch wie nur möglich verschanzen und von dort aus zum großen Sprung – wie die Katze nach der Beute – auf den Gipfel ansetzen. Vielleicht spendiert uns irgend ein Berggott aus purer Güte einen Tag mit schönem Wetter...

AUSFLÜGE IN RICHTUNG GIPFEL

Die Gipfelroute

Sich bewegen, um sicher zu sein, daß wir noch leben. Sich bewegen, damit wir nicht zur Eissäule erstarren. Sich bewegen, weil es unerträglich ist, länger auf der Stelle zu bleiben. Die Kälte ist nicht nur eisig, sie ist mörderisch. Man kann es nicht beschreiben. Sie nagt an den Händen und Füßen und kriecht heimtückisch bis zum Herzen. Die Lippen platzen bei dem Frost, die Nase ist ein Eisklumpen. Tränen erstarren schon auf den Lidern. Der Atem wird zu Reif.

Schreien. Aufheulen. Der Schmerz reißt den Geist aus seinem Tiefkühlschlaf und bezeugt, daß der Körper noch nicht völlig gefühllos geworden ist. Ja, er setzt uns so zu, daß Vorsicht zu einem leeren Wort wird. Nur vorwärts! Ganz gleich, ob mein Schritt den Hang zum Rutschen bringt. Der Schöne Grat. Seit drei Tagen steigen wir in Richtung Gipfel auf. Zum erstenmal ist die Kälte so unerbittlich.

Am 20. Juli hatten wir ohne Schwierigkeiten unser vorgeschobenes Basislager erreicht. Wechsel zwischen kurzen Aufheiterungen und Graupelschauern. Was half es – wir hatten lange genug auf einen möglichst günstigen Moment für den Aufstieg auf 5200 Meter gewartet. Die Gletscherspalten klafften von Tag zu Tag mehr. Der erste Gletscher war inzwischen völlig nackt. Überall gluckerte und rauschte Wasser, als wären wir an einer Meeresküste. Ein seltsamer Eindruck. Wir fühlten uns, als machten wir einen anstrengenden Wattspaziergang. Unsere Spur war verschwunden. Wir mußten uns erneut einen Weg suchen.

Bevor wir über die letzte Kuppe kamen, befiel uns doch etwas Angst. Würden die Zelte noch da sein? Überraschung: Das Dach unseres K 2 hatte sich in eine Badewanne verwandelt. Wir brauchten keinen Schnee mehr für unser Trinkwasser aufzutauen. Packen der Rucksäcke für sieben Tage Unabhängigkeit. Acht Kilo Nahrung, Kocher, Kochgeschirr, Ausrüstungsgegenstände, Kleidung, Schlafsäcke. Ergebnis: zwanzig Kilo Last für mich, für David noch mehr. Wir hatten uns durchgerungen, das Zelt ohne gedoppeltes Dach mit hochzunehmen. Hoffentlich würde es dem schlechten Wetter standhalten. Beim Seil haben wir uns auf 25 Meter in einer Stärke von 8 Millimeter beschränkt. Wahnwitzige Hoffnungen, daß es am Ende unserer Etappe keine technischen Schwierigkeiten geben würde.

Im allgemeinen hatten wir das Seil bisher nur selten benutzt, weil wir beide das Gehen ohne Seil bevorzugten. Seile und anderes Material sollten erst allerletztes Hilfsmittel sein, wenn alle körperlichen Möglichkeiten ausgeschöpft sind. Es gibt andere Wege, sich abzusichern und eine Berggemeinschaft zu bilden als das Seil. Sich zu sehr darauf zu verlassen, verstellt die Sicht und bringt so auch Gefahren.

Die schweren Rucksäcke hatten uns erst Sorgen gemacht, aber auf den festgefrorenen Hängen waren sie gar nicht so schlimm. Wir kamen gut voran, der kleine spitze Sérac, der Hang mit dem blanken Eis, „meine" Kluft, die Backofen-Mulde, Anhaltspunkte, daß wir auf der alten Route waren. Wir setzten zur Traverse an, die uns zu unserem Biwakplatz vom letzten Mal bringen sollte. Diesmal versanken wir bis zu den Hüften im Schnee. Das Ergebnis: Wir verloren mit diesem mühsamen Voranarbeiten

Wir genießen den Nachmittag auf unserem Biwakplatz

eineinhalb Stunden und landeten erst um 14 Uhr auf unserem Biwakplatz „Schöne Aussicht". Die Versuchung, gleich dortzubleiben, war zu groß. Also stellten wir das Zelt auf und genossen faul den Nachmittag. Herrliche Sonne bis 7 Uhr abends.

Und jetzt sind wir also auf dem Schönen Grat und plagen uns in diesem steinzersprengenden Frost voran. Ich stapfe etwas unterhalb des wächtenreichen Randes in die Höhe und versuche mich an der Erinnerung aufzuwärmen, wie heiß es Anfang Juli auf dem Plateau gewesen war. Vergebliche Mühe. Die Sonne zeigt sich zwar, aber ich schlottere noch immer. Wir können nicht einmal Tee trinken, denn er ist in der Flasche gefroren. Sich auf die Landschaft konzentrieren, um alles zu vergessen. Herrliche Gasherbrum-Gipfel; am Fuß des Serak-Peak ein Sérac-Riegel von etwa 100 Meter; zu seiner Linken ahnt man ein Gletscherbecken. Unser Weg zum Masherbrum. Jedenfalls der erste Teil davon.

Über das, was dann folgt, sollte ich eigentlich gar kein Wort verlieren. Noch schlimmere Plackerei. Fünf Stunden, um ganze 300 Meter Höhenunterschied zu bewältigen. Das Plateau ist weitläufig und sieht verlockend einladend aus. Aber der Schnee ist abscheulich: auf der Oberfläche verharscht und darunter Pulverschnee. Der Fuß sinkt immer dann erst ein, wenn man gerade sein ganzes Gewicht darauf verlagert. Man müßte schweben können. Ein Schritt wechselt mit einer doppelt so langen Pause. Der Schnee reicht mindestens bis zu den Waden.

Wir wechseln uns beim Spuren häufig ab. Das geht wortlos vor sich. Wenn der eine stehenbleibt, übernimmt der andere die Führung. Armselige Raupen, die nach dem Kälteschock jetzt in der Sonne geröstet werden. Also einen Teil der warmen Unterwäsche ausziehen. Das heißt, erst aus den Gamaschen raus, dann aus den Schuhen, dann aus der Latzhose ... Weiter geht es ... In dem Tiefschnee zu spuren, verlangt eine besondere innere Haltung. Man muß völlig abschalten und sich nur auf den nächsten Schritt konzentrieren.

Von Pulverschnee-Düne zu Pulverschnee-Düne pflügen wir uns zu dem riesigen Gletscherbecken durch, das zwischen dem Serak-Peak und der Südflanke des Masherbrum hängt.

Zum erstenmal haben wir eine gute Sicht auf die ganze Seite: ein vielfältiges Gletscherfeld im unteren Teil mündet in einen ziemlich gleichförmigen Hang, der von zwei gewaltigen Spalten gezeichnet ist. Darüber ein Riegel von überhängenden Séracs, deren oberer Teil in herrliche, auf dem Grat zu den beiden Gipfeln endende Kegel übergeht. Schneeüberzogene Felsterrassen stützen die Spitze, die sich im Himmel verliert.

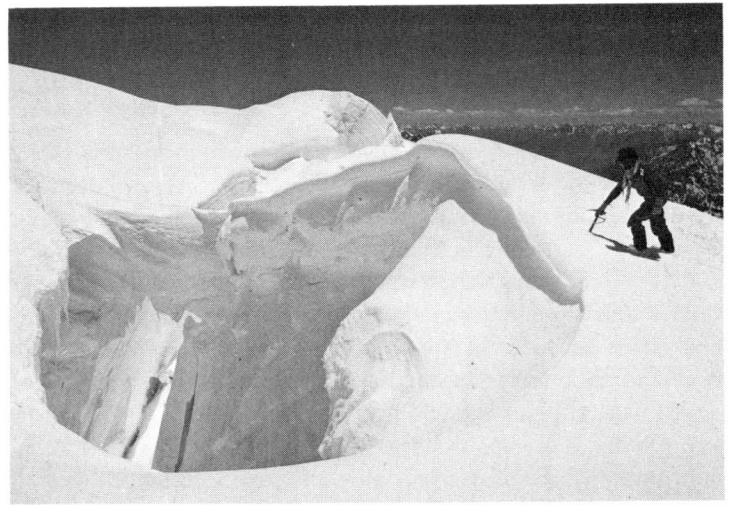

Wir wechseln uns beim Spuren ab

„Hast du die Séracmauer auf etwa 7500 Meter Höhe gesehen? Beeindruckend", ist Davids Kommentar.

„Ja. Niemand hat merkwürdigerweise etwas davon erwähnt. Emerson sprach nur von dem 60° steilen Hang. Man erkennt ihn gut, aber irgendwie müssen wir draufkommen. Womöglich sind die Séracs seit seinem Aufstieg abgestürzt..."

„Es gibt vielleicht eine Möglichkeit unterhalb des einen Séracs, und dann mit einer Traverse schräg nach oben. Aber wenn wir uns anseilen müssen, ist unser Strick etwas kurz geraten. Zweimal zwölf Meter."

Etappenende. Jeden Tag dasselbe: Schnee festtreten, Zelt aufstellen, Schnee zum Schmelzen bringen. Das ist hier auf 6450 Meter eine langwierige und mühselige Prozedur, weil sich der Siedepunkt des Wassers verschiebt. Die Höhe macht uns sonst

Das Spuren ist eine mühselige Arbeit

kaum etwas aus. Nur das Gewicht unserer Rucksäcke und der tiefe Schnee haben uns erschöpft.

Allmählich verschwindet die Sonne und räumt wieder der schneidenden Kälte die Herrschaft ein. Wind kommt auf. Er verfängt sich im Zelt und bläst es wie einen Ballon auf. Wir werden unser Abendessen drinnen zubereiten. Unser amerikanisches Zelt hat einen Vorteil: Durch einen Reißverschluß im Boden können wir an den Schnee heran. Wir müssen also nicht, wenn der Sturm ums Zelt tobt und wir trinken wollen, mit unserem Opinel-Messer bewaffnet nach draußen kriechen und Eis hacken.

Ein letzter Blick vors Zelt. Eine riesige Schicht Haufenwolken schneidet uns von jeglicher Verbindung mit unteren Regionen ab. Wir sind von jetzt an Teil der extremen Höhe. Der Masherbrum wird blau und starr. Die Zeltbahnen flappen laut im Wind. Kalt. Kalt. Kalt. Etwas Wärme in den Daunen unserer Schlafsäcke finden . . .

Ein achtfüßiger perlmuttweißer Krake umschwabbelt die höhere Spitze des Masherbrum. In der kristallklaren Luft wirft er seine Tentakeln aus und rollt sie gleich darauf wieder ein. Er ist eifrig, dreht und wendet sich und läßt seine Beute, den Gipfel, nicht los. Manchmal raucht dieser, spukt ihm sein Gift entgegen, aber das vielarmige Tier ist stärker. Unaufhörlich vollzieht es sein Ballett. Einige Wolken schieben neugierig ihre Nasen vor.

Wir kriechen voran wie die Schildkröten oder Schnecken. Jeder Schritt fällt uns schwer, wir fluchen, schnappen nach Luft. Aus der Ferne hatten wir uns auf diese sanften Kuppen gefreut, die uns ohne Schwierigkeiten zum Col auf 6800 Metern bringen sollten. Wir stellten uns schon den Blick auf den Baltoro-Gletscher vor . . . Das war zuviel an Optimismus. Wir kommen kaum voran, der Schnee ist noch zu frisch, und wir sinken bis zu den Knien ein.

Die Kälte ist so beißend, daß ich heute morgen, kurz nachdem wir losgezogen sind, meine Füße betrachtet habe, ob ich nicht vielleicht vergessen hätte, die Schuhe anzuziehen. Nein. Schade. Die Nacht war auch sehr hart gewesen. Jeder Windstoß schüttelte den Reif von der Dachinnenseite auf unsere Schlafsäcke herab, die beim Aufwachen einen Eisüberzug hatten.

Fünf Stunden, um 350 Meter Höhenunterschied zurückzulegen. Und dann noch feststellen zu müssen, daß sich das Wetter ernsthaft geändert hat. Inzwischen wissen wir, eine Schlechtwetterperiode dauert im allgemeinen vier bis fünf Tage. Wir haben aber nur für drei bis vier Tage Lebensmittel dabei. Blödsinn, sie in Schnee- und Hagelschauern aufzuzehren. Zu zweit sind wir für unseren Gipfelgang jedoch ziemlich auf schönes Wetter angewiesen.

„Ich glaube, es ist praktischer, das Zelt mit den Lebensmitteln dort zu lassen, wo wir letzte Nacht geschlafen haben."

„Was? Alles wieder runterbringen, was wir so mühevoll hochgeschleppt haben?"

Ich bin sauer und will mich nicht mehr auf das Jo-Jo-Spiel des ewigen Auf und Ab einlassen. Besonders, wo wir bei jeder Rückkehr aus den Höhen wieder bei Null anfangen müssen. Plötzlich befällt mich bleierne Müdigkeit.

In dreißig Minuten erreichen wir unseren letzten Übernachtungsplatz. Auf dem gespurten Weg ist eben ein ganz anderes Vorankommen, und abwärts geht es fast immer schneller. Wir stellen das Zelt auf; es schneit und graupelt bereits. Wir brauchen auch nur eine Stunde, um zu dem Plateau zu gelangen. Hinauf hat es uns fünf Stunden gekostet. Zum Wahnsinnigwerden!

Das Wetter verschlechtert sich weiter, und uns tröstet nur, daß wir den richtigen Entschluß gefaßt haben. Was blieb uns eigentlich auch anderes übrig? Auf den letzten Hängen oberhalb unseres vorgeschobenen Basislagers versinken wir bis zu den Schenkeln in einem Schnee, der wie grobes Salz aussieht.

Der Unterschied zu den extremen Höhen hat sich in den vier Tagen viel stärker ausgeprägt. Der Schnee ist fast zu Eis gebacken, hat sein strahlendes Weiß verloren und eine schmutziggraue Schattierung angenommen. Die Raubvögel haben wieder unsere Abfälle hervorgewühlt. Hier, auf gut 5000 Meter, fühlen wir uns jetzt fast wie im Tal. Es wird eine angenehme Nacht werden. Eingeigelt in unserem vorgeschobenen Basislager wollen wir abwarten, bis die neue Schlechtwetterzone abgezogen ist.

Absturz ins Bodenlose

Es ist noch dunkel, als der Wecker meiner Armbanduhr piept. Wie spät mag es wohl sein? Zwei oder drei? Wo sind wir? Es fällt mir schwer, wach zu werden und meine Gedanken zu ordnen.

Ach ja, wir sind im vorgeschobenen Basislager, und wie jeden Morgen holt uns die Uhr in aller Früh aus dem Schlaf, und wie jeden Morgen prasselt der Graupelschnee auf unser Zelt, und wie jeden Morgen ist es zum Schaudern dunkel draußen, und wie jeden Morgen kriechen wir wieder in unsere Schlafsäcke zurück. 5 Uhr. Immer dasselbe. Anschließend ist Ruhe bis 7 Uhr.

Warten auf schönes Wetter, auf die spärlichen Mahlzeiten, auf Geistesblitze eines immer träger werdenden Gehirns, Warten auf den Tod, auf nichts mehr warten. Tödliches Warten. Wohltuendes Warten. Es befreit, engt ein, bedroht, legt alte Schichten frei, erhöht die Selbstwahrnehmung. Reise zu seinem Selbst, ohne Möglichkeit, auszubrechen…

Jeder Tag wirkt reglos, so, als geschähe nichts. Aber unmerklich bewegt sich etwas im Innern von einem, rückt einen aus den wohlbekannten Bahnen. Wir sind jetzt an die einhundertachtundsechzig Stunden hier oben, und bis auf zwei „Ausbrüche" in höhere Regionen haben wir nichts anderes als nur immer diese Zeltbahnen vor Augen. Wozu auch die winzige Welt sprengen? Draußen hängt der Himmel so tief wie unsere Moral. Beide gehen Hand in Hand.

Und dann, vor vier Tagen, doch ein großes Aufraffen. Wir haben uns auf die Hänge oberhalb des Lagers vorgewagt. Nur in den Eingang des Tunnels sozusagen.

Alles hatte schlecht angefangen. Aufwachen um 2 Uhr. Der Frost, der den Schnee für uns festigen sollte, hatte sich schon wieder davongestohlen. Der Horizont war tintenschwarz und der Himmel bedrohlich. Was sollte es – wir haben voller Hoffnung gewartet. Am Vorabend hatte ich in einer Anwandlung von Optimismus und Tatendrang Proviant für fünf Tage gepackt, und wir waren startklar, die Sachen hochzubringen, einschließlich eines weiteres Seils und Überschuhe für einen erneuten Gipfelversuch. Der andere, noch zwei Tage davor, also vor sechs Tagen, war kläglich gescheitert und hatte in uns den brennenden Wunsch zurückgelassen, so bald wie möglich wieder hochzusteigen.

Die Warterei zog sich unzumutbar lang hin. Was blieb uns anderes übrig, als das Schicksal herauszufordern? Wir haben also Kurs auf die Gipfelhöhen genommen. Schritt für Schritt... entsetzlich mühsam. Unter der trügerischen Harschschicht war der Boden watteweich. Ergebnis: 350 Meter Höhenunterschied über eine Spur, die David ohne Überzeugung trat. Dann hüllten uns die Nebel vollends ein. Rückkehr durch Graupelschauer zu unseren Daunen.

Seitdem?

Das schlechte Wetter mokiert sich munter weiter über uns.

Wind, Schnee, Frost, zur Abwechslung Lawinen: Zwischendurch zeigt sich die Sonne, aber nur so lange, um uns aus dem Zelt zu locken und uns dann hämisch den Rücken zu kehren. Das Wetter strapaziert unsere Nerven gehörig. Tag um Tag zeigt es sich von einer scheußlichen Seite und bleibt doch unsere große Triebfeder. Jeden Morgen piept der Wecker und verkündet einen neuen Tag.

Wir wissen nicht mehr, ob es Sonntag oder Donnerstag ist. Die Hoffnung schrumpft zu winzigen Glutstücken, doch sie wird schnell wieder zu heftig flackernden Flammen, wenn man ihr ein bißchen Nahrung gibt, besonders in den Abendstunden. Eine seltsame Aufregung überkommt uns fast immer, wenn der alte Tag zu Ende geht und wir uns einen neuen und so viel besseren zurechtphantasieren.

Die mittleren Stunden des Tages ziehen sich viel qualvoller dahin. Niedergeschlagenheit macht sich breit, und alle möglichen Fragen nach dem Sinn des Lebens tauchen auf einmal auf. Wozu bin ich überhaupt auf dieser Kugel? Was soll das Leben? Geboren werden, um zu sterben? Um zu leiden? Düstere Bilanz.

Und dann wieder verwickeln wir uns in endlose Gespräche über den Alpinismus, über seine Hintergründe.

„Manche behaupten, daß eine bestimmte Art von Alpinismus Ähnlichkeit mit dem Gebrauch von Drogen hat. Messner sagt selbst, daß das Bergsteigen ‚sein Kraut' sei. Suchst du nicht im Grunde auch so was wie Rausch und Ekstase, wenn du dich in alpinistische Abenteuer begibst?"

„Was sind eigentlich Drogen? Man bezeichnet damit bestimmte chemische Substanzen, die bewirken, daß der unaufhörliche Dialog, den der Mensch mit sich selber führt und den man das Bewußtsein nennt, unterbrochen wird. Das Wort Droge umfaßt eigentlich mehr als eine Substanz. Ich finde, es ist alles, was eine bestimmte Art von Beziehung oder Verhältnis zu sich selbst auslösen kann. Einen Bewußtwerdungsprozeß ohne Beteiligung des Verstandes. In den meisten Fällen wird diese Beziehung nur als eine lustverschaffende, sogar die einzig lustverschaffende, wahrgenommen. Lust bedeutet heute aber, sich von der Umwelt abzukapseln, die zu häßlich und zu gefährlich ist, um sich in ihr an sich selber zu erfreuen. Natürlich wird der Alpinismus auch in dieser Richtung gebraucht. Das finde ich nicht schlimm, wenn das sozusagen ein Durchgangsstadium ist und nicht das Ziel selbst. Erst einmal sich selber leben, aber dann in eine zusätzliche Dimension des Seins vorstoßen... frei werden. Etwas zum Selbstzweck zu machen und dadurch einzugrenzen, lehne ich ab. Und es sich zum Ziel zu setzen, seine Gedanken und seine Handlungen stets aufeinander abzustimmen, ist für mich Pfadfinderphilosophie für kleine Jungs. Das kann nicht klappen, solange es ein Willensakt ist. Und vor der reinen Lehre sollte man sich hüten, in der Philosophie, wie auch in der Religion oder beim Bergsteigen. Da steckt immer Fanatismus dahinter, der einem den Blick für sich selber und die wahren Möglichkeiten verstellt. Frei bleiben von vorgeschriebenen Richtungen, um sich auf alle neuen Erfahrungen einzulassen..."

„In Kalifornien haben vor gut zehn Jahren Bergsteiger bei Untersuchungen mitgemacht, die Drogeneinnahme und Alpinismus verglichen. Und zwar hat man bei Kletterern, die längere Zeit in sehr schwierigen Granitwänden herumgestiegen sind, psychische Effekte festgestellt, die durchaus wie die von halluzinogenen Drogen waren: gesteigerte Wahrnehmung der Umwelt, verändertes Zeiterleben usw..."

„Ja. Besonders nach 1970 hat man sich immer mehr mit dem Thema befaßt. Galen Rowell hat sogar geschrieben, daß die großen Bergsteiger nicht die Liste ihrer Gipfelbezwingungen miteinander verbindet, sondern ein Geisteszustand, der ihnen erlaubt, den Aufstieg als solchen zu genießen und eine Ekstase zu erleben, die dann der totale Einklang ihrer Gedanken und Handlungen ist."

Der Hagel trommelt auf unser Zeltdach. Wieder einmal. Allmählich regt es uns gar nicht mehr auf. Wir wissen nicht mehr, ob wir hier sind, um eine Erholungskur zu machen oder um bergzusteigen oder zu meditieren oder einen Rekord im Daueraufenthalt in großer Höhe aufzustellen oder um die Begegnung mit uns selbst zu suchen. Hallo, ihr lieben Freunde alle, die ihr Zuhause an uns denkt und euch vorstellt, wie wir mit großen Eiswänden ringen, wie unser Leben an den vorderen Zacken unserer Steigeisen hängt und Sturm uns umtost und in die Tiefe reißen will. Ich bin ganz einfach dabei, mir ein mit Watte umwickeltes pakistanisches Streichholz in mein linkes Ohr zu stecken. Nicht gerade ruhmreich, was?

Am liebsten würde ich den Berg für all das zermürbende Warten hassen, das er uns auferlegt hat. Aber er ist so stark und läßt es gar nicht zu. Immer wieder lockt er mich auf Pfade der Einbildung. Der Schlafsack verschönt die Stunden geistiger Spaziergänge. Jeder begibt sich in seine Innenwelt. Exil vom Masherbrum?

Wir lösen uns nur aus unseren Wachträumen, um eine Portion Reis zu verschlingen, der trotz ewigen Kochens immer fest bleibt. Heute geht alles schief. Der Topf kippt um. Sein Inhalt vermischt sich mit den Teeblättern und den Haaren, die auf dem Boden herumliegen. Auf einmal fällt mir auf, wie dreckig und stinkend hier alles ist. Ich werde aggressiv. Die Ernährung wird immer mehr zum Problem. David beschwert sich, daß er nicht mehr genug zu essen kriegt. Wir strengen uns an, mit den paar Lebensmitteln, die uns noch geblieben sind, hauszuhalten.

Wieder Abschweifen in die inneren Räume.

Hat die Uhr gepiept? Keiner von uns rührt sich. Keiner wirft einen Blick nach draußen. Unsere äußere Welt hat sich verschoben. Nur noch die meine existiert wirklich... Oder? Meine Ängste und Sorgen kreisen nicht mehr um den Gipfel und das Wetter. Meine Phantasie hat ihre Flügel abgelegt... erschöpft, ausgelaugt... Nichts läuft mehr. Alle Bedenken haben sich verflüchtigt. Auch die Sorge um das Essen. Das Gewissen schweigt. David? Ein Federklumpen neben mir... Ich weiß nicht mal, ob er überhaupt noch atmet. Schläft er? Ist er noch da? Haben wir Tag? Haben wir Nacht?

Die vielen grauen und schwarzen Tage bilden eine unförmige Masse. Zwischen Abgestumpftsein und Lähmung folge ich einer geraden Linie, die sich irgendwo in der Ferne verliert. Sich sammeln, um das Ende zu erreichen. Viel weiter noch gehen.

Keine Ablenkung mehr in diesem freiwillig gewählten Exil.

Der Spiegel ist zerbrochen.

Ich sehe lächelnd dem Tod ins Gesicht. Er bedeutet mir nichts mehr. Andere Bezugspunkte, anderer Sinn. Die Seele kann sich doch jetzt nur noch aus dem Körper lösen. Am Horizont flackert ein Licht. Es kommt von anderen Welten.

Absturz ins Bodenlose...

„Willst du mich umbringen? Warum nicht? Ich habe nichts dagegen."

Der große Sprung

Gestern waren wir noch ganz im Bann der zerstörerischen Kräfte des schlechten Wetters. Es hat so sehr an uns genagt, daß der Lebensstrang gerissen war. Kein Fädchen ließ mehr auf ein Zucken hoffen. Nichts, ein schwarzes Loch, eine Wand, Stille und andere Wege . . . Ein Erstarren in den Daunen, die es nicht mehr schafften, einen Hauch von Wärme abzustrahlen, den wir so nötig gebraucht hätten. Einen Monat und zwanzig Tage schlagen wir uns mit den Flanken eines Bergs herum und wissen inzwischen überhaupt nicht mehr, weshalb. Ein Kampf? Davon war nie die Rede gewesen. Eher sollte es ein Sprengen von Fesseln sein. Und doch sind neue andere entstanden. Unmöglich, sie zu lösen. Der Mechanismus ist für immer eingefroren. Jedenfalls meinen wir das noch am Morgen des 31. Juli 1980.

Was hat uns dazu gebracht, uns zu bewegen? Schwer zu sagen. Der Hunger? Nicht wirklich. Dazu hätten wir nur die Hand auszustrecken und ein paar von den schmutzigen harten Körnern vom Boden in den Mund zu stecken brauchen. Auf dieser Höhe wird der Reis sowieso nie weich. Daran sind wir längst gewöhnt. Es hätte auch niemand gemerkt, wenn wir hier oben zu Eismumien geworden wären – jedenfalls vorerst nicht. Aber Mustag und Shaffique wollten ins Basislager kommen? Wann war das? Was für ein Datum haben wir überhaupt? Ein Signal an unseren Lebenswillen hier in der abgeschlossenen Welt? Das Blinken einer Warnanlage, das wir endlich zur Kenntnis nehmen. Einer von uns hat geblinzelt, der andere einen Fuß aus dem Schlafsack gesteckt, um sich Schuhe anzuziehen. Alles mündet in einer Flucht nach unten. Schnell waren unsere Rucksäcke geschultert, und wie von Flügeln getragen eilten wir in Richtung Tal.

Jetzt, im Basislager, scheint das Leben langsam wieder von mir Besitz zu ergreifen. Ich esse mit Genuß einen irischen Kuchen mit Früchten und reiner Butter, nach alter Art von einer Allerweltsgroßmutter gebacken. Bei jedem Bissen ist mir, als erhielte ich Ladungen von Millionen von Kalorien, auf die sich jede Zelle meines ausgezehrten Körpers stürzt. Diese gefriergetrocknete Nahrung ist Augenwischerei. Feine Namen: Lasagne, Chop Suey mit Huhn... Nichts kommt zwei dicken Chapatis gleich, auf denen noch die herrlichen Eier pakistanischer Hühner aufgeschlagen sind. Kleine Wunder mit goldgelb leuchtendem Dotter und einem Geschmack, der alles vergessen läßt.

Noch immer Schweigen. Nur ein sich langsam ausbreitendes Wohlgefühl. Sanfte Wärme strömt in mich. Das Tiefkühlgemüse, zu dem ich oben geworden bin, reagiert nur allmählich auf die Strahlen der noch schwachen Morgensonne.

Ja, Sonne! Es ist schönes Wetter – und wir sind unten! Diese nackte Feststellung durchzuckt plötzlich mein Gehirn, ohne auch nur eine Welle von Wut auszulösen, wie es bestimmt in normalen Zeiten der Fall gewesen wäre. Wirklich keinen Ärger, nach so verzweifeltem Warten einen Tag zu verlieren? Wir sind noch gar nicht richtig da. Seit einer Ewigkeit schon hat sich unser Zeitgefühl in Luft aufgelöst. Für mich ist es jetzt viel wichtiger zu atmen, Wärme zu tanken, mich im Gras zu wälzen und unter meinen nackten Füßen das flaumige Weich der Edelweiß zu spüren, die in Abertausenden die Wiesen schmücken.

Nach oben zurückkehren? Unnütze Frage. Natürlich. Aber jetzt sind wir erst einmal hier, um unsere beklemmende Höhenstarrheit loszuwerden. Alles andere steht einfach noch nicht auf der Tagesordnung.

Die Luft ist wundervoll rein und klingt nach Sommer. Der hat dem Gletscher inzwischen auch sein letztes Grauweiß genommen und die tückischen Spalten freigelegt. Wir brauchen unsere Spur nicht mehr mit dem Lochband unserer Tastversuche zu verzieren. Die zerbrechlichen Brücken sind eingefallen. Die Begegnung ist mit den Tagen offener geworden. Die harte, graue und fast durchsichtige Eisschicht strapaziert unsere Waden. Dafür haben die Eistürme im Séracfall an Bedrohlichkeit verloren. Alles nimmt zahmere Formen an.

Das Versorgungsproblem ist etwas weniger dramatisch geworden. Welche Überraschung gestern! Mehrere kleine Päckchen, mit Bindfäden verschnürt, die schon Hunderte von Malen herhalten mußten, warteten auf uns. Köstliche Aufmerksamkeiten von Mustag. Sechs in Stroh gehüllte Äpfel, sechs Eier, ein bißchen Tee, riesige, rübenartige Rettiche und besonders Atta.

Der Tag erreicht allmählich seine Mitte, und auf einmal sind wir dabei, unsere Rucksäcke zu packen. Reis und Atta an erster Stelle und sonst noch alles, was nur eßbar ist. Wir wollen noch einmal einer Schlechtwetterperiode standhalten können. Ein Sonnenstrahl – und die Hoffnung schießt erneut aus dem Boden wie ein verführerisch schöner Giftpilz. Besonders bei mir.

„Ich hab' das Gefühl, diesmal schaffen wir es. Hast du die Nachricht für den Begleitoffizier hinterlassen?"

„Ja, beeil dich, wir müssen noch vor der Dunkelheit im vorgeschobenen Basislager sein."

„Nur keine Aufregung! Den Weg machen wir doch inzwischen mit geschlossenen Augen."

Es stimmt. Für uns birgt er keine Geheimnisse mehr. Wozu wir beim erstenmal einen ganzen Tag brauchten, schaffen wir jetzt in einigen Stunden. Jede geborstene Gletscherkuppe, jede Eiskaskade, jeder Abgrund, jeder Hang, Felsbrocken oder blaugrüne See ist vertrauter Teil unserer Welt. Wir sind ein bißchen wie alte Leute, die ihre Umgebung nicht mehr unbefangen betrachten und bestaunen können.

Ich bin heute stumpf gegen alles ringsum. Zum zehntenmal mindestens gehe ich über diesen Gletscher hoch, diesmal wie in Trance. Ich schwebe einen Meter über dem Boden. Jedenfalls scheint es mir so. Sinnlos, mich zu fragen, warum ich mich vorwärtsbewege. Ich weiß nichts Genaues. Nur, daß ich ein Rendezvous dort oben habe. Ich habe auch keine Erinnerung mehr an den letzten Hang vor dem vorgeschobenen Basislager.

Lange vor Einbruch der Dunkelheit sind wir am Zelt. Rucksäcke ausleeren, um sie erneut zu packen. Schnee schmelzen für unsere kümmerliche Abendmahlzeit. Das Übliche: Pulversuppe und einen Napf Reis, der hart ist und nach nichts schmeckt. Wir haben kein Gewürz dabei. Dann noch, um unseren Gipfelversuch vorzufeiern, eine Tube Maronencreme. Nur nicht das Wasser für den Kräutertee umreißen, während wir die Schlafsäcke auf dem völlig buckeligen Zeltboden ausrollen. Die Eingangsöffnung in Reichweite, damit wir ohne Mühe hinaussehen können. Alles Routine. Jede Bewegung geschieht mechanisch. Der unbeanspruchte Geist schweift zwischen Traum und Wirklichkeit umher, wagt sich aber nicht mehr in die Zukunft. Zu oft hat er sich schon die Flügel dabei verbrannt. 5200 Meter Höhe. Für uns ist das von jetzt an wieder Ebene. Wir schlafen wie die Murmeltiere.

Der Schnee knirscht. Ein kühler Wind pfeift über die Hänge. Die Morgendämmerung läßt einen klaren Tag ahnen. Unsere Rucksäcke versuchen sich von der leichte Seite zu zeigen. Dabei wiegt meiner mal wieder fast zwanzig Kilo, aber der Schnee hilft. Auf dieser Höhe dämmert das Gehirn, halb in Daunen gepackt, vor sich hin. Vor Sonnenaufgang bekommt es nicht viel Reize. Seit über einer Stunde ziehen wir im letzten Mondlicht unsere Spur dem anbrechenden Tag entgegen. Er wird einer sein, für den man alles hingibt, was man besitzt, wenn nicht noch mehr ... Einer dieser phantastischen Tage, an dem das Gefühl zu existieren prickelnd das Hirn durchströmt. Die Grenzen zwischen äußeren und inneren Räumen lösen sich auf. Seltsame Schwindelgefühle erfassen einen dann ...

Die Sonne ist da! Sie blendet zwar unerträglich, aber wir haben sie so herbeigesehnt. Trotz des schweren Rucksacks zögert David keinen Augenblick, den Moment mit dem Fotoapparat festzuhalten, wo das aufgehende Licht eine ganz eigene Welt von flüchtiger Dauer erschafft. Der Schnee wird ungeahnt plastisch und funkelt mit all seinen Kristallen.

Langsam meine ich mich zu verwandeln. Eine angenehme Wärme durchdringt meinen Körper, macht ihn leichter, geschmeidiger und zugleich stärker. Der Rucksack ist jetzt Teil eines neuen, wundervollen Gleichgewichts. All meine Sinne sind hellwach; ich weiß, ich kann mich auf jeden von ihnen ganz und gar verlassen. Eine innere Stimme gibt mir die Gewißheit, mein Fuß wird auf dem Eis nicht abgleiten, und ich werde ohne Umwege die beste Passage finden. Glücksgefühle! So ohne Seil mit sicheren Schritten aufzusteigen, verschafft mir reinstes Vergnügen.

Keine Fessel hindert mich. Seit meinen Solo-Touren am Brenva und Major halte ich das Klettern ohne Seil für die schönste Form des Alpinismus. Es ist gar nicht so sehr das Auf-mich-gestellt-Sein, was mich daran reizt, sondern das Gefühl, schwerelos zu werden. Teil der Luft zu sein wie ein Vogel. Solo zu zweit – das gefällt mir. Und fast die ganze Zeit unserer Expedition können wir so vorgehen. Das Seil unten im Rucksack wird nur im Notfall hervorgeholt: bei gefährlichen Brücken, fauligem Schnee, Steilhängen mit blankem Eis.

Die Gipfelpartie der Südflanke des Masherbrum

Ich schwärme für eine Gegend, wie sie am Masherbrum überall anzutreffen ist: riesig, voller Geheimnisse, überirdisch anmutend, grenzenlos und abwechslungsreich. Oberhalb unseres vorgeschobenen Basislagers wirkt sie auf dem Weg zur letzten Wand (1200 Meter), als hätten Riesen herumgespielt, alles durcheinandergeworfen und wie mit Förmchen im Sandkasten Gipfel übereinandergetürmt. Wir steigen, winzige Wesen in einer überdimensionalen Landschaft, scheinbar unendlich langsam in die Höhe. Jeder Vorstoß in die extremen Bereiche gleicht einem Ausflug in eine andere Welt. Vor uns liegt eine jungfräuliche Landschaft, denn das Wetter hat alle unsere Spuren gelöscht. Hinter uns kein Haken, kein Fixseil, die zeigen, daß wir ganz normale menschliche Geschöpfe sind.

Winzige Wesen in einer überdimensionalen Landschaft

164

Hoch hinauf

2. August. 9 Uhr morgens. 6000 Meter Höhe. Der Schöne Grat. Wir sind in einem Höllentempo marschiert. Es ist hundekalt. Die Gegend beeindruckt mich genauso stark wie beim erstenmal. Ein wundervoller Grat, auf der einen Seite von Wächten gesäumt, auf der anderen ins Leere abfallend, führt steil in den Himmel und verliert sich dort. Symbol grenzenloser Abgeschiedenheit. In ihm kommt das perfekt zum Ausdruck, was wir bei unseren Gipfelversuchen empfunden haben: Wege, die ins Nirgendwo führen . . . Wer weiß? Vielleicht ist da doch noch was?

Den Fuß auf diesen ausgefransten Rücken zu setzen, ist jedesmal ein heikler Augenblick. Er ist der einzige Zugang zum oberen Plateau und gleichzeitig natürlich auch unsere einzige Rückzugsmöglichkeit. Nach etwa zehn Tagen schlechten Wetters ist die weiche Schneeschicht so dick geworden, daß sie unter dem geringsten Druck ins Rutschen geraten kann. Den ersten Schritt machen wir mit zitternden Knien und aufmerksam lauschend erst nach zahlreichen prüfenden Blicken. Nichts geschieht. Ein zweiter wird gewagt. Dann ein dritter. Der Grat ist so betörend schön, daß sich der Magen bald entkrampft, und meine Angst verfliegt, die Schuhe in seine Flanke zu bohren.

Es folgt ein langsamer und langer Aufstieg einer sternartig strahlenden Sonne an einem metallischen Himmel entgegen, über dessen unwirkliches Blau flauschige weiße Wölkchen treiben. Harmlose hübsche Dinger. Die Welt hat sich für mich zusammengezogen: eine gerade Linie, die im Leeren endet, der kalt-weiche Kontakt mit dem Schnee, ein gemeiner Krampf im Rücken. Ich

Auf einer geraden Linie, die im Leeren endet, der lange und langsame Aufstieg

weiß, er kann nur eine Ursache haben: der schwere Rucksack. Doch nicht nur das Gewicht, auch seine Maße setzen mir zu. Der Abstand zwischen dem Bauchgurt und der oberen Befestigung der Schultergurte ist zu groß für meine einsfünfundsechzig und meine achtundvierzig Kilo, die ich bei den Strapazen und der mageren Kost bestimmt schon längst nicht mehr habe. Ich möchte niemanden mit meinen feministischen Sprüchen nerven, aber ich sehe nicht ein, warum bei der Bergausrüstung nie richtig an Frauen gedacht wird. Natürlich, es ist kein Markt dafür, denn Frauen haben nur nett spazieren zu gehen . . . Also bleibt mir wohl auch in Zukunft nichts anderes übrig, als in den Latzhosen und dem Trägerzeug herumzuschwimmen, in den polargefütterten Jacken vor Kälte zu schnattern, weil es an allen Löchern hereinzieht, und weiter Wassertöpfe vom Kocher zu fegen, weil ich nicht mit den Ausmaßen der zu Riesenwülsten umgekrempelten Ärmel meiner Daunenjacke rechne. Sag mir nur einer, Frauen können nicht tragen . . . Wenn ich allein an das zusätzliche – und so unnötige – Gewicht meiner viel zu großen Kleidung denke . . .

An diesem Vormittag kämpfe ich jedoch noch mehr mit der Kälte als mit dem Gewicht. Unmöglich, sich irgendwo aufzuwärmen. Ich habe nicht den Mut, bei dieser Temperatur die Überschuhe und die Schuhe auszuziehen und mir die Füße zu massieren, damit ein bißchen Leben in sie kommt. Wahrscheinlich ginge das auch nicht. In dem Frost ist das Plastikmaterial bestimmt so wenig geschmeidig wie Stahl. Es ist also anmaßend zu meinen, ich könnte noch über meine Füße verfügen.

Trinken! Aber in der Flasche klappert es nur: Ein Stärkungstrunk aus dickem schwarzen Tee, Zucker und einem Vitaminpräparat hat sich in lauter winzige Eisstücke verwandelt. Ich heule vor Kälte auf dem riesigen Plateau, das sonst der reinste Backofen ist. Meinen Rucksack habe ich einfach in den pudrigen Schnee sinken

Ich ruhe mich auf meiner leidigen Packlast aus

lassen. Er gräbt eine Wanne, während ich mich so herrlich befreit fühle, daß ich wie eine Seifenblase in die Lüfte zu steigen glaube.

Ich ruhe mich auf meiner leidigen Packlast aus und lasse langsam die Welt wieder auferstehen. Das Puzzle setzt sich um mich herum zusammen; ich bin das Kernstück. Direkt im Süden das Tal von Hushe – eine tiefe dunkle Schlucht, von einem silbrigen Band versperrt, dem Shyok River. Im Osten überragen die berühmten Gasherbrum-Gipfel mit ihren Achttausendern den Baltoro-Gletscher. Ich sehe ihn nicht, sondern stelle ihn mir nur vor . . . Das ist nicht schwer, denn ich kenne so viele Bilder davon. Mein Blick wird vom Serak Peak gebremst, den ich am liebsten zum Teufel jagen würde, um den K 2 zu bestaunen. Während der sechsundsechzig Tage im Karakorum und trotz seiner 8761 Meter sehen wir ihn nur ein einziges Mal aus den Nebeln auftauchen.

Von unserem Ausguck (6100 Meter) aus ist noch immer unser Gipfel, der Masherbrum, der beeindruckendste. Die Gipfelpyramide erhebt sich an die 1800 Meter hoch. Ihre große vereiste Südflanke, im Westen von einem teilweise felsigen Grat begrenzt, wird auf ungefähr 7500 Meter von einer riesigen Mauer von Séracs abgeriegelt, die im oberen Teil wie Orgelpfeifen angeordnet sind. Der untere Teil dieser Eisbarriere ist wohl seit der letzten Expedition im Jahr 1960 abgesackt. Unter diesem Séracaufbau geht es weiter zu einem ausgedehnten Grat, der die beiden Gipfel verbindet, von denen der höhere weit rechts außen aufragt. Das schwabbelige, achtarmige Krakentier, das wir beim letztenmal hier gesehen haben, hat sich heute verzogen. Ist das schöne Wetter diesmal von Dauer?

Dieses verheißungsvolle Zeichen, die allmählich aufkommende Wärme zusammen mit etwas Tee, der inzwischen geschmolzen ist, und einer Süßigkeit, geben uns neuen Schwung.

„Los, bevor die Hitze unterträglich wird", rät David. Er bindet sich gerade ein rotes Tuch um den Kopf. Der reinste Bergpirat. Fehlt nur noch die Augenklappe. Bei dem grellen Licht eigentlich ganz angebracht.

„Prima, diesmal scheint es, als würden wir nicht so im Schnee versinken wie vor zehn Tagen. Dann wird der Weg übers Plateau nicht so schlimm."

Die Sonne läßt es sich nicht nehmen, auf uns herunterzubrennen, und die Schatten schrumpfen schon zu einer bloßen Andeutung. Ich suche Zuflucht unter meinem pakistanischen Tuch und einem Nasenschutz aus Leder. Von Mulde zu Hangschulter und wieder hinab ins nächste Becken ziehen wir mühsam dahin. Hinter jeder Kuppe verbirgt sich eine weitere, als wandelten wir über ein aufgewühltes Meer. Nicht darüber nachdenken, sondern

Mit einem Nasenschutz aus Leder wappne ich mich gegen die sengende Sonne

sich nur auf den nächsten Schritt konzentrieren.

Um 14 Uhr legen wir im Hafen an: ein winziges Zelt, kaum drei Kilo Gewicht, das wir bei unserem letzten Versuch zurückgelassen hatten. Ein simples Nylonzelt, nicht gedoppelt, mit vier dünnen Metallstangen, die tief im Schnee stecken. Innen ist es ganz feucht, aber die Lebensmittel für vier Tage sind noch da. Zusammen mit denen, die wir bringen, verfügen wir über neun Tage Proviant für die extremen Höhen. Wir haben auch noch eine Notration Reis, aber ihn auf 6450 Meter auch nur halbgar zu kochen, ist eigentlich kaum möglich. Mein Rücken ächzt auch ohne Rucksack. Ich gönne mir einen Tee. 1300 Meter Höhenunterschied an einem Tag mit so schwerem Gepäck ist eine beachtliche Leistung. Ich darf ein bißchen jammern. Unsere Gipfelflanke liegt vor uns, zum Greifen nahe, erhaben, eisig . . .

Schon beanspruchen uns wieder die kleinen Plackereien des Alltags in großer Höhe. Sie sind nicht zu vermeiden, wenn wir uns nicht von einem beißenden Frost wertvolle Wärme rauben lassen wollen. Den pulvrigen Schnee ebnen und festtreten, das Zelt innen von Reif befreien und wieder aufstellen, Handschuhe und Strümpfe zum Trocknen bringen. Die Sonne ist nicht mehr stark genug, um Schnee zu schmelzen. Wir müssen dazu unseren Kocher nehmen. Auf 6450 Meter brauchen wir fast eine Dreiviertelstunde, um Tee zu kochen.

Allmählich bekommt alles ringsherum etwas Eisiges. Die Sonne verschwindet, der jetzt bläuliche Gipfel des Masherbrum scheint sich streng aufzurichten, als wolle er uns sagen: „Unterschätzt mich nicht, ich habe gute Abwehrmöglichkeiten . . ." Ein letzter Blick in die Runde. Eispickel und Steigeisen sind noch da. Was machten wir hier oben ohne sie? Für uns sind diese Gegenstände praktisch die Verlängerung unserer Arme und Füße. Sie sind Teile von uns geworden.

Dieses winzige Zelt muß uns beiden Schutz bieten

David schlüpft in seinen Schlafsack, schüttelt sorgfältig die Schuhe aus, bevor er sie ebenfalls darin verschwinden läßt. Die Plastikschuhe bringen eine Menge Vorteile. Sie müssen nicht gepflegt werden, sind absolut wasserdicht und sorgen dafür, daß die Füße beim Gehen mit Steigeisen nicht ermüden. Von Nachteil ist, daß man darin schwitzt, was sich mit der Höhe gibt, und, was viel lästiger ist, daß man sie nach dem Frost der Nacht nicht mehr anziehen kann, weil sie so steif geworden sind. Man darf also nie vergessen, seine Lieblinge mit ins warme Bett zu nehmen.

„Bist du bald fertig? Ich möchte auch rein. Der Wind hier draußen ist eisig."

Das Zelt ist nämlich so winzig, daß wir beide uns unmöglich gleichzeitig für die Nacht vorbereiten können. Einer muß erst einmal draußen warten. Und wenn wir dann beide wie die Mumien nebeneinander liegen, ist es meist meine Aufgabe, mich um das leibliche Wohl zu kümmern. Aber hier oben haben wir schon wieder das Interesse an der Nahrung verloren. Die Wahl zwischen Chop Suey mit Huhn und Lasagne bringt unsere Herzen nicht dazu, höher zu schlagen. Unsere Geschmacksnerven reagieren nur noch auf die sanfte Wärme einer Flüssigkeit, gleich welcher Art sie ist. Hauptsache: wenigstens lau. Trinken, trinken, bis ich keinen Mumm mehr habe, Schnee aufzutauen. Das kommt ziemlich schnell, weil die Prozedur so zeitraubend ist.

Auf dem Rücken liegend und auf die erste Wärmewelle wartend, die sich hier lange zurückhält, müssen wir gar nicht groß miteinander reden, um herauszufinden, daß wir zufrieden mit dem Tag sind. Und ungeheuer müde. Ein Blick nach draußen. Die Sterne zeigen sich, vielleicht bedeutet das . . . Aber niemand wagt es, über die Zukunft zu sprechen. Und das ist wohl das Beste so.

Wir wollen erst einmal die Nacht auskosten, so gut es in dieser Höhe geht. Wir haben sie uns wohl verdient.

3. August. Strahlendes Wetter. Dieser Tag soll uns auf 6700 Meter bringen, etwas über dem Col zum Baltoro-Gletscher. Wir kennen dieses Stück schon, weil wir es bei unserem vorigen Gipfelversuch zurückgelegt hatten. Unsere Erinnerungen daran sind mehr als unschön. Jeder Schritt geriet zur Falle. Die Harschkruste des Schnees gab immer erst nach, wenn man den Fuß belastete. Ein abgehacktes Gehen, das an den Kräften zehrte, weil man ständig mit einem Bein im tiefen, weichen Schnee steckte. Diese Erfahrung, die sich in unser Gedächtnis eingegraben hat, und noch etwas Schlappheit von der Anstrengung des Vortages treiben uns nicht gerade zum raschen Aufbruch an.

„Die Rucksäcke sind ja schon wieder scheußlich schwer. Wie wär's, wenn wir die Sachen in zwei Etappen hochschleppen?" meint David.

„Vielleicht ist das besser. Aber werden wir uns, wenn wir wieder zurück sind, auch wirklich noch einmal aufraffen und die zweite Tour hoch machen?"

„Wir müssen."

Wir packen also einen Teil der Sachen aus, die wir bei der zweiten Runde in einigen Stunden holen wollen.

Zu unserem großen Staunen ist die Spur diesmal leichter anzulegen als beim letztenmal. Das Gelände ist überhaupt nicht so schwierig, daß es unsere gesamte Konzentration erfordern würde, bei der die uns umgebende Welt ausgeschlossen ist und alles nur in einem Punkt zusammenläuft: der augenblicklichen Bewegung.

Wir gehen am Serak Peak entlang, der jetzt recht beachtliche Proportionen angenommen hat, aber ein bißchen zu einfach, wenn nicht sogar langweilig wirkt mit seiner großen glatten schneebedeckten Flanke, die nur von einem riesigen überhängenden Sérac in ihrer Regelmäßigkeit unterbrochen wird. Keine Windungen, keine Labyrinthe, keine Geheimnisse.

Ansonsten ist der Tag von dem langsamen, aber stetigen Anmarsch zu dem Riesen gekennzeichnet. Seit unserem Aufstieg vom Basislager ist es das erste Mal, daß er die ganze Zeit über uns wacht. Von jetzt an wird er sich uns nicht mehr entziehen... hoffen wir. Jeder beobachtet sich, nimmt Maß. Unerklärlich, aber ein einziger Blick zum Gipfel genügt, um alle meine Bedenken zu zerstreuen und mir die Gewißheit zu geben, daß ich für etwas Wichtiges hier bin.

Wir brauchen ungefähr zweieinhalb Stunden, um zu der Stelle zu kommen, die wir für die Nacht vorgesehen haben. Wir gönnen uns eine Pause mit Tee und einem Riegel Schokolade, bevor wir wieder nach unten gehen, um die restlichen Sachen zu holen. Es ist gar nicht mehr so viel da. Noch etwas an Proviant, Gaskartuschen, ein zusätzliches Seil, mehrere Karabinerhaken, Eisspiralen und Steigklemmen, Schnüre, Pflöcke und Schneeanker. Dieses Mehr an Ausrüstung soll es uns ermöglichen, einer Belagerung durch schlechtes Wetter besser zu trotzen. Trotzen ist ein bißchen hochtrabend, wenn man bedenkt, daß wir nur zu zweit sind und als Reserven nichts weiter als ein paar Packungen Pulveressen, ein bißchen Tee und Zucker, unseren Kocher und eine äußerst zerbrechliche Zuflucht besitzen.

Ich weiß nicht, ob das allgemein bekannt ist, aber für den Bergsteiger geschieht das eigentliche Abenteuer im Kopf. Aus diesem Grund konnten uns die erstaunten Bemerkungen der Pakistani über die Winzigkeit unserer Expedition (eine Frau zählt hier ja nicht, also war David eigentlich allein unterwegs) oder der Materialaufwand der Amerikaner, die sich mit Pauken und Trompeten zum Gasherbrum IV wälzten, überhaupt nicht aus der Fassung bringen. Unsere paar Seesäcke – wie ärmlich! Wir hätten im Hotel K 2 nicht einmal als Trekking-Touristen eine gute Figur gemacht. Ich hatte auch nicht meine Kluft des staatlich geprüften

Alpinisten angezogen, was in manchen Gegenden sofort Ehrfurcht hervorruft.

Gegen 13 Uhr haben wir alles an einem Punkt versammelt. Wir sind mal wieder erschlagen. Diese ewige Schlepperei! Naiv, wer meint, wir machten das alles nur zum Vergnügen. Änderte sich etwa das Wetter? Von überall und aus dem Nichts stiegen auf einmal Nebel auf und hüllten das Talgebiet ein, das vorher noch so klar zu sehen gewesen war.

„Kannst du bitte das Zelt aufbauen. Ich möchte noch ein paar Fotos weiter oben beim Col schießen."

„Aufstellen? Wo denn?" Meine Frage soll nichts weiter als meine Müdigkeit ausdrücken. Mir ist im Moment nach keiner weiteren Arbeit zumute. Wir sind mitten auf einem Hang, und der Schnee ist schlecht formbar. Obwohl unser Zelt winzig ist, braucht es doch gewissen Platz und in jedem Fall eine feste Unterlage.

David stapft los, und ich wähle als Standort eine kleine Mulde aus, die in Wirklichkeit der Rand einer Gletscherspalte ist, aber mir so aussieht, als könne sie uns gut vor eisigem Wind schützen. Hier ist der Schnee auch pappiger, und es geht leichter, einen glatten Untergrund zu schaffen.

Unsere erste Nacht auf solcher Höhe (6700 Meter).

Seit einigen Stunden ist es schon dunkel. Unmöglich, Schlaf zu finden. Die flache Lage erschwert das Atmen noch mehr, das durch den Mangel an Sauerstoff sowieso schon gestört ist. Also alles zusammenraffen, damit der schmerzende Kopf möglichst hoch liegen kann. Die kleinste Bewegung verstärkt aber noch die Probleme. Zwei Stunden später kann David nicht mehr. Er nimmt zum erstenmal in seinem Leben mit viel Angst eine halbe Schlaftablette. Er fürchtet sich vor der Wirkung. Bald kapituliere auch ich vor meinem brummenden Schädel. Ich ziehe es jedoch vor, mir einen Eisenkrauttee zu machen, und hoffe, daß das laue

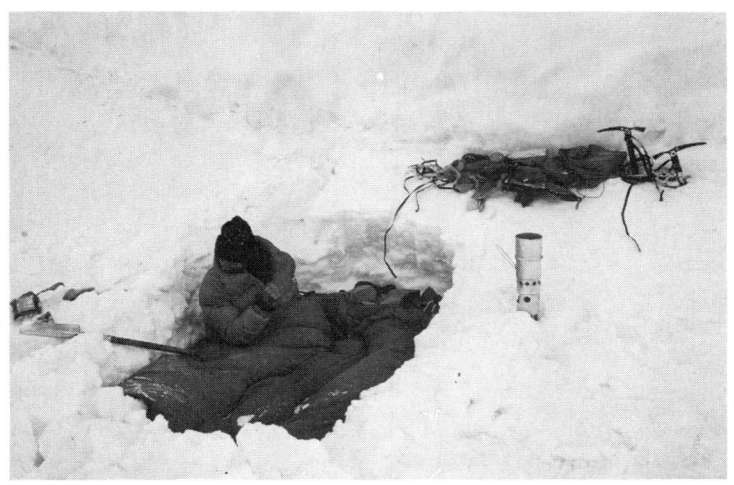

Diese kleine Mulde bildet den Standort für unser Zelt

Gebräu seine Wirkung tun wird. Das Hantieren mit dem Kocher ist im Gegensatz zu sonst gar nicht nervenaufreibend – nein, es verkürzt die Stunden, die sich so gräßlich hinziehen. Wir fallen wieder in einen dumpfen Dämmerzustand, der nur von unserem umschichtigen Jammern unterbrochen wird. Die Nacht ist ein einziges qualvolles Warten auf den Morgen, ein Hilferuf an den Tag. Nur er kann uns die ersehnte Erlösung bringen.

DIE TORE ZUR HÖLLE

Blick auf den Baltoro

Wir lassen die ersten Stunden des Morgens untätig verstreichen. Das Wetter ist immer noch schön. Leichter Wind. Die Müdigkeit hält uns fest. Allmählich machen wir uns fertig. Oh, ist die Wand schön.

„Wir werden aber nicht all die Sachen und Lebensmittel auf einmal hochschleppen. Das geht nur in drei Etappen", erklärt David. „Hast du gesehen, wie pulvrig der Schnee noch ist? Ein Tag Sonne kann nicht schaden. Er muß ein bißchen fester werden, sonst ist es eine Qual, die Spur anzulegen."

„Um zum Gipfel zu kommen, gibt es zwei Möglichkeiten. Direkt hoch über die Gipfelhänge, aber sie sind wahrscheinlich lawinengefährdet, oder über eine Route irgendwo zwischen den Séracs hindurch."

„Von weiter unten hatten wir doch schon mal eine Passage zwischen den Séracs entdeckt. Man mußte dazu diesen riesigen Eisblock links umgehen. Über die Hänge kommen wir aber schneller hoch."

Vielleicht sollten wir heute einen Erkundungsgang machen, damit wir herausfinden, welche Route die günstigere ist. Ich möchte auch zum Col, um endlich einen Blick auf den Baltoro-Gletscher werfen zu können. Hier zu sein und ihn nicht gesehen zu haben, geht doch nicht.

Der Baltoro ist der längste und schönste Gletscher des ganzen Himalaja. Über ihn führt der Aufstieg zum K 2, dem wundervollsten Berg der Welt. Er ist fast genauso hoch wie der Mount Everest, aber schwerer zu bezwingen. 1892 ist eine erste Expedition unter Leitung von Martin Conway, einem Kunstprofessor, zum K 2 vorgedrungen. An ihr nahm auch der von Österreich nach England emigrierte Oscar Eckenstein teil, der sich aber mit Conway überwarf und bei einer weiteren Expedition im Jahr 1902 den K 2 über den Nordostsporn bis auf etwa 6200 Meter bestieg. Concordia, der Zusammenstrom des oberen Baltoro (Savoia-Gletschers) und des Goodwin-Austen-Gletschers, hat alle, die dort gewesen sind, ungeheuer beeindruckt. Am Rand dieser, noch von kleineren Gletschern erweiterten steinernen Flüsse erheben sich der Hidden Peak (8068 Meter), die Gasherbrum II, III und IV und schließlich der Masherbrum, von der Größe her an siebenter Stelle. Wegen Grenzstreitigkeiten war das Gebiet von 1961 bis 1974 gesperrt.

Natürlich... unser schöner kleiner spröder Gipfel. Trotzdem begeben wir uns mit klopfendem Herzen erst einmal in Richtung Col. Es ist 8 Uhr. Die Spur ist, wie wir vorausgesehen hatten, mühsam anzulegen. Der Schnee erweist sich als grundlos. David ist kaputt, weil er nicht geschlafen hat. Ich lasse mich von dem Anblick dieser phantastischen Landschaft so fesseln, daß ich meine Beschwerden vergesse. Ich tauche ein in die unheimliche Weite mit ihren beladenen Kuppen, die unter einem plötzlich aufgleißenden Licht verschwinden, tauche ein in das Spiel der Wolken, die dahinfegen und für Momente einen noch viel schöneren Gipfel freigeben als eben seinen Nachbarn. Nur wenige kann ich benennen, weil ihr Auftritt zu flüchtig ist. Bald scheint sich alles um mich in einem Glückstaumel zu drehen. Ich möchte vor Freude schreien, wenn ich nicht Angst hätte, das kleinste Geräusch könnte schon all die so zart wirkenden Gebilde wie Glas zerspringen oder zu Staub zerfallen lassen. Die Sonne ist nur eine blaßgelbe Kugel, Verwandte des Mondes, vor die sich immer wieder Wolken schieben und uns vor zu großer Hitze bewahren.

Wir nähern uns unserem Ziel. Ein chaotisches, unsicheres Gelände liegt vor uns, mit dicken Eiswulsten, Randklüften und Spalten. Bis zu den Schenkeln im Schnee eingesunken, bleiben wir stehen und warten. Die kostbaren Gipfel sind in weiße Schleier gehüllt. Ein übler Wind hat die Wolken aufgescheucht, die noch eben weit links über dem Baltoro versammelt waren. Wir warten und warten. Und dann hebt sich für dreißig Sekunden, nicht mehr, der Vorhang, und wir dürfen ihn sehen – den K 2! Ja, er war es, kein Zweifel. Wie eine Bischofsmütze auf einem weißen Moiréekissen. Um ihn herum andere Gipfel. Bedeutungslos im Vergleich zu ihm.

Etwas enttäuscht verlassen wir den Ort, für den wir einen großen Umweg in Kauf genommen haben. Aber an sich lieben wir es, spontan herumzuschweifen. Der Gipfel ist eigentlich mehr ein Vorwand. Ein Vorwand, um etwas zu erleben, ein Vorwand für die Suche von neuen Erfahrungen.

Kehren wir zu unserem ursprünglichen Vorhaben zurück, die Ausläufer der riesigen Flanke zu nehmen, die 1200 Meter hoch vor uns aufragt. Der verlockendste Weg wäre, direkt über die ziemlich steilen Hänge aufzusteigen, an denen sich rechts ein Grat entlangzieht, und dann unter einer enormen Mauer von überhängenden Séracs nach links zu queren. Die Schwierigkeit auf diesem Stück besteht darin, den Durchstieg zu der Gipfelpartie der Orgelpfeifen zu finden. Der Rest ist noch Zukunftsmusik.

Ich will keine Umwege mehr und gehe die Flanke direkt an. Der Hang ist glatt, schön und steil. Aus Erfahrung weiß ich, es ist nicht ratsam, auch nur den kleinsten Blick nach oben zu werfen, will man nicht von den Ausmaßen erschlagen werden. Also seine Kräfte auf das unmittelbar vor einem Liegende konzentrieren. Einen großen Schritt nach oben. Meinem Fuß bietet sich überhaupt kein Widerstand . . . Ich versuche es an einer anderen Stelle. Der Boden entzieht sich mir wieder. Starrköpfig probiere ich es weiter rechts und weiter links. Vergebliche Mühe. Ich hinterlasse nur ein riesiges Loch. Es ist zum Heulen. Ich komme keinen Meter voran. David sitzt unten auf seinem Rucksack und sieht mir zu. Dieser Treibschnee, so harmlos, wenn man ihn sieht, ist das Heimtückischste, was man sich vorstellen kann. Ich bin völlig außer mir. Also war das schlechte Wetter nicht das einzige Hindernis zum Gipfel? Mich packt ein Schwindel. Wenn sich all die Schneemassen der unsicheren Hänge in Bewegung setzten? Sie könnten leicht das Tal von Hushe füllen, das von hier oben aus wie ein grüner Schlund wirkt.

„Was willst du tun?" ruft mir David zu.

„Unter den Séracs queren und eine Passage zwischen den Eistürmen suchen."

Die Sonne schafft inzwischen eine Gluthitze. Die Steigeisen sind voller Klumpen. Bei jedem Schritt rutscht ein Teil vom Schnee unter unseren Füßen weg. Achtung!

Nach gut einer Stunde Kampf erreichen wir die imaginäre Linie wieder, die wir uns von weiter unten als mögliche Aufstiegsroute zu den Gipfelhängen gezogen haben. Wir sinken nicht mehr so tief ein. Unter dem weichen Schnee ist jetzt ein harter Grund. Dafür sind unsere Steigeisen die reinsten Holzschuhe geworden. Ich wage es, sie abzuschnallen. Aber das ist auch keine Lösung. Der Gummi der Schuhe gibt nicht genug Halt bei diesem Aufstieg schräg nach oben. Immer wieder müssen wir über Buckel hinweg, eine Art Schwemmkegel, die von früheren Séracabbrüchen gebildet worden sind. Schneebedeckt sind sie Teil des Hangs und überziehen ihn hier und da mit Runzeln. Den nächsten will ich als Rastplatz ansteuern. Meine Kräfte lassen nach, und wir haben uns eine Stärkung verdient. Wir wollen gerade die Rucksäcke absetzen, als uns dicke Nebelschwaden umwabern. Ich lasse mich nicht beunruhigen, sondern knabbere mit Wonne meinen Riegel Ovomaltine.

David brummt vor sich hin: „Ich kann nicht mehr vor Müdigkeit. Ich hab' heute nacht kein Auge zugetan. Am besten, ich lege mich aufs Ohr. Wir würden heute doch nicht mehr weit gehen. Vielleicht kannst du noch einen Blick in die Rinne werfen."

„Keine schlechte Idee. Der Haken ist, daß der Nebel alles verhüllt hat."

Mitten am Tag aufzuhören, paßt mir aber auch wieder nicht. Da es sich nur um einen einfachen Erkundungsgang handelt, lasse ich meinen Rucksack zurück.

David eilt schon zu unserem Zelt hinab, das man von hier oben nur noch als winzigen blauen Punkt wahrnimmt. Wie ungerecht die Berge sind! Er ist jetzt schon so weit unten, daß ich überhaupt nicht mehr verstehen kann, daß der Aufstieg soviel Zeit und Kraft gekostet haben soll.

Ich genieße es, allein in dieser weißen Weite zu sein. Nichts bindet mich mehr an die Welt der Lebenden. Ich gehe im Rhythmus meines Herzschlages. Ein bißchen Konzentration – und schon verändert sich die Wahrnehmung. Angst? Nein, ich bin schon jenseits davon, hänge an nichts mehr. Mit David ist auch die letzte Ablenkung verschwunden. Ich bin ganz auf mich geworfen und beziehe eher Kraft aus der Einsamkeit. Allmählich entsteht die Welt um mich neu, unmittelbarer, von mir nicht mehr getrennt. Die üblichen Grenzen des Körpers beginnen sich aufzulösen, er wird größer, wächst ins Endlose und verschmilzt mit der Landschaft.

Ich klettere eine steile Wand hoch und lande auf einer Art Balkon. Darüber ragen riesige Eisblöcke auf, die wie das Werk eines modernen Bildhauers anmuten. Dazwischen lassen sich Passagen erahnen. Doch welche ist nur eine Sackgasse, und welche führt zum Himmel?

Schade, ich habe keine Sicht auf den Baltoro; die Nebel haben ihn verhängt. Um in die Rinne einzusteigen, muß man federleicht sein. Der Schnee ist auf dem Stück davor äußerst faulig, das heißt, zusammengesackt und schwer, aber noch nicht verharscht und von daher ziemlich grundlos. Er kann jederzeit wegrutschen. Ich wühle, weil ich keinen Halt finde, einige Kuhlen – unter mir ein Abgrund, den ich zu ignorieren versuche. Eine goldene Regel des Alpinismus besagt: den Blick immer nur da, wo er gerade gebraucht wird.

Mit Entschlossenheit steige ich weiter hoch. Die Rinne ist dreimal so groß, wie ich vermutet hatte. Auf der einen Seite erhebt sich ein Steilhang mit einem Eisriegel; auf der anderen sind Mulden, die in Wände von nacktem Eis münden. Der reinste Eispalast in einer Stadt der Riesen.

Der Schnee ist jetzt härter, trotzdem versinken meine Füße noch immer zur Hälfte darin. Die Erkundung wird immer schwieriger, weil der Nebel mich völlig einhüllt. Ich sehe nicht einmal mehr den Boden unter mir. Der Eispickel ist mein einziger Haltepunkt, meine Boje, um die herum ich den Hang nach oben treibe. Ich warte darauf, daß diese grauweiße kalte Watte zerreißt. Vergeblich. Mir bleibt nichts anderes übrig, als umzukehren, ohne herausgefunden zu haben, ob dieser Weg tatsächlich eine Passage durch die Eisblöcke bietet.

Es ist noch nicht einmal 15 Uhr, und ich bin bereits beim Zelt. David schläft. Ich braue mir einen Tee. Er will mir nicht so recht schmecken. Ich hätte viel lieber das Lager für heute abend auf dem

Balkon unter den Eisblöcken aufgeschlagen. So nagt in mir das Gefühl, Zeit zu vertrödeln, wieder etwas weiter vom Gipfel abgerückt zu sein. Ich wünsche mir, langsam und stetig nach oben zu gehen, ohne umkehren und Wege wiederholen zu müssen.

Morgen werden wir dann mit Nahrungsmitteln für vier Tage aufsteigen. Wir haben beschlossen, möglichst leicht bepackt loszuziehen, und wollen, so weit wie möglich, Sachen zurücklassen, sogar ein Seil. Bei der Kleidung wird nicht so gespart. Latzhose und Anorak aus Goretex sind ein guter Schutz bei jedem Wetter, und wir verzichten auch nicht auf einen extrem warmen Schlafsack, Jacke und Hose aus Polarpelz und eine Daunenjacke, die unsere Rucksäcke zu Ungetümen aufplustern. So werden wir bestimmt nicht frieren. Hinzu kommt noch das Übliche, wie Handschuhe, Mütze, Kocher usw. Da das Wetter nicht sehr vielversprechend aussieht, haben wir auch unseren ursprünglichen Plan begraben, den Gipfel ohne Zelt anzugehen und in Eisgrotten zu übernachten.

In der riesigen Lawinenschütte gefangen

5. August. 6 Uhr morgens. Die Sonne ist schon da. In dieser Höhe braucht es immer eine Weile, bis man aufgebrochen ist. Es war noch finster, als ich den kleinen Topf voll Schnee auf den Gaskocher gestellt habe. Eine unmenschliche Zeit, wo ich schlaftrunken überall dagegenstieß und den Reif vom Zeltinnern streifte. Dieser eiskalte feine Puder auf Gesicht und Nacken riß mich dann brutal in die Wirklichkeit. Aus mit den schönen Phantasien, den Wachträumen, denen ich so gern um diese Stunde

nachhänge. Es war Zeit, mich weiter aus den Daunen zu schälen und nach Schnee für unseren Frühstückstrank zu angeln.

Da wir gestern eine Spur angelegt haben, rechnen wir damit, heute schnell voranzukommen. Doch uns ist entgangen, daß wir gestern ja zuerst zum Col marschiert sind, heute aber direkt auf den „spitzen Sérac" zuhalten müssen, wie wir das Eisungetüm kurzerhand getauft haben. Auf fast 7000 Meter Höhe ist so ein Irrtum verzeihlich. Das Gehirn wird nicht genügend durchblutet, erhält zu wenig Sauerstoff, was zu Ausfallerscheinungen führen kann.

Die Höhe macht sich bemerkbar. So gibt es immer wieder Momente, wo wir uns am liebsten in den Schnee legen und friedlich in den Tod schlafen würden. Überhaupt verliert der Tod an Schrecken; er ist manchmal wie ein Vertrauter. Verführerische Ruhe! Da hilft nur eiserne Entschlossenheit, weiter Schritt vor Schritt zu setzen, nicht nachzudenken und sich nicht in Träumen zu verlieren. Hartnäckig den Schnee in Richtung Balkon durchpflügen...

Und endlich sind wir auf dem Vorsprung – das reinste Adlernest mit Blick auf den Chogolisa und den Gasherbrum. Abgekämpft stehe ich oben, schwitze und keuche. Wir haben uns eine Pause im Angesicht der Gipfel verdient.

„Der Schnee ist sehr schwer und bei der Hitze gefährlich", sagt David. „Bei jedem Schritt muß man erst die Klumpen lösen. Scheußliches Steigen. Deine Rinne sieht mir auch nicht einladend aus. Zu unsicher. Besonders, wo sie nach oben zu so steil wird."

„Ach, was, du rechnest immer mit dem Schlimmsten. Gestern war der Schnee weiter drinnen viel härter und stabiler als woanders."

Ich begriff nicht, daß meine gute Route nichts anderes als eine Lawinenstrecke war und der recht feste Untergrund von den

Tonnen von Schnee stammte, die bei schlechtem Wetter dort herabdonnerten.

„Vielleicht sollten wir erst einmal ohne die Rucksäcke Ausschau halten?"

„Meiner Ansicht nach ist die schwierigste Passage das Stück unmittelbar vor der Rinne. Der Schnee ist dort pappig-weich, und unter einem geht es ins Bodenlose. Aber wenn meine Spur von gestern gefroren ist, wird es nicht so schlimm."

Es geht sogar so gut, daß wir nach etwa sechzig Metern umkehren und unsere Rucksäcke holen. Dann folgt ein langer, langsamer Aufstieg.

Das Wetter schlägt allmählich um. Die Sonne hat sich verzogen, und ein starker Wind ist aufgekommen und fegt in Böen durch die Rinne. Wir schlottern vor Kälte, eingeklemmt zwischen zwei bläulich schimmernden Wänden. Unser Blick endet an einem Eisriegel von beachtlichem Ausmaß, der über uns hängt. Mir gelingt es, ihm etwas von seiner Bedrohlichkeit zu nehmen, indem ich mir einrede, dahinter verberge sich eine sanfte, fast ebene Fläche, auf der wir unser Zelt aufstellen können.

Das Gelände ist enorm steil, aber mich beunruhigt viel mehr die brüchige Schicht, die auf dem blanken Eis zu liegen scheint. Und wir sind natürlich nicht angeseilt. Doch in dem Moment kommt mir nicht einmal der Gedanke, das Seil aus dem Rucksack zu holen. Ich steige weiter, wild entschlossen, den Eisriegel zu nehmen, einen Blick dahinter zu werfen. Die Neugier setzt ungeahnte Kräfte in mir frei und besiegt alle Erschöpfung.

„Es ist spät, und der Schnee ist viel zu gefährlich", meldet sich David einige Meter unter mir. „Er ist faulig und liegt auf Eis. Wir sollten besser umkehren."

Davids erste Aufforderung, nach unten zu gehen. Ich stelle mich taub. Nach soviel Anstrengung erscheint es mir unsinnig, jetzt einfach wieder die Rinne hinabzuklettern. Der Hang ist derart steil, daß ich, will ich ihn schaffen, all meine Konzentration zusammennehmen muß. Unter meinem Schritt bricht der Schnee ein, und die Steigeisen kratzen über Eis. Wenigstens noch ein paar Meter.

Davids wiederholte Ermahnungen lassen mich nicht unberührt. Ich will aber über diesen Eiswulst. Anschließend...

„Gut, mach was du willst. Ich kehre um, es ist zu gefährlich."

Davids Stimme erreicht mich nicht so richtig. Ich brauche ziemlich lange, bis mir klar wird, was er gesagt hat, denn er entfernt sich nach unten. Sein Gesicht zeigt zwar immer noch zum Hang, aber der Abstand zwischen uns wird zunehmend größer. Oh, wie steil ist doch dieser Hang, wenn David sich beim Absteigen nicht der Tiefe zuwendet.

Und plötzlich überwältigt mich der Abgrund. Die Leere schnürt mir den Magen zu. Ein paar Sekunden verharre ich wie erstarrt auf der Stelle. Ich kann unmöglich weiter in die Höhe, aber auch nicht nach unten. Statt meine Angst herauszuschreien, werde ich wütend auf David, der seelenruhig weiter absteigt und mir meine Träume zerstört hat. Wut ist manchmal eine gute Ablenkung. Endlich wage ich wieder einen Schritt, noch unsicher, dann einen zweiten. Ich merke, wie meine Schenkel schmerzen. Und meine Schultern. Die Rinne... Diesmal ist der Abstieg keine Ohrfeige für den Aufstieg, sondern mühsam, gefährlich und an den Nerven zerrend.

Ich weiß gar nicht genau, warum. Irgend etwas sträubt sich in mir. Gedanken entstehen in meinem müden Hirn, ohne sich richtig auszuformen. Seltsame, unausgegorene Dinge gehen mir durch den Kopf, die mit Sicherheit, Gefahren, Leichtsinn und einengenden Fesseln zu tun haben. Die Frau im Hochgebirge, die Frau in extremen Situationen, die starke Frau, die schwache Frau, die Frau an sich. Quatsch. Ich lache laut los. Was schleppe ich nur all den Abfall aus der Welt ganz weit unten mit mir herum?

David wartet in einer winzigen Mulde unterhalb der großen Séracs auf mich, die uns Schutz bieten sollen. Mit unendlicher Langsamkeit – wir sind auf 6900 Meter – streife ich den Schnee von meinen Schuhen. Der Ort ist prächtig. Aussichtsturm eines riesigen Kristallschlosses, das wir bewachen. Kein Alarmzeichen in der Ferne. Der Gasherbrum und der Chogolisa dämmern in den letzten Sonnenstrahlen, denen ein feiner Nebelschleier die Kraft nimmt. Der Serak Peak, gleich bei uns, hat den Kopf zwischen die Schultern eingezogen. Und wieder versperrt uns der Grat der Nordost-Seite den Blick auf den K 2. Wer weiß, was er ausheckt...

Ich suche die Gegend nach einem Zeichen von Leben ab. Doch es gibt nichts als diese gewundene Punkte-Linie, die wir seit Tagen hinter uns herziehen. Kein Lager, kein Fixseil. Flüchtige Spuren, die der Wind und die Sonne bald getilgt haben werden. Wer wird dann noch sagen können, wo wir gegangen sind? Nicht einmal wir. Unser eigenes Vorhandensein gerät ins Wanken. Auf der Stelle bleiben, sich nicht verlieren! Nein, die Eismassen locken. Jeden Morgen bei Tagesanbruch müssen wir uns an den Rand der Leere wagen und in ihren Bann begeben.

Das große Hoffen

Meine Waden verspannen sich. Es knirscht heftig unter den vorderen Zacken meiner Steigeisen, als ich mal wieder durch die Harschschicht des alten Schnees breche. Blankes, hartes Eis darunter. Der Griff meines Eispickels faßt nicht mehr, und ich

muß mit der Haue arbeiten. Der Hang hat bestimmt an die 55°
Neigung. Doch ich halte nicht viel von meinen Zahlenkünsten.
Wichtig ist mir, daß ich vorankomme, gleich wie steil er ist.
Diesen letzten Riegel noch, diesen Eiswulst... wir würden ihn
schon schaffen.

„Geht's? Paß auf mit dem Schnee!"

Natürlich passe ich auf. Und wie! Manchmal schlage ich sogar
kleine Griffe und Tritte in den harten Untergrund. Auch heute
steigen wir ohne Seil. Unter uns ein erbarmungsloser Abgrund.
Nur nicht in die Tiefe blicken!

Ich beginne meinen Rucksack zu verfluchen. Er macht es mir oft
schwer, das Gleichgewicht zu halten, und zwingt mich zu riskan-
ten Bewegungen. Ohne ihn hätte ich die schlimme Wand längst
durchstiegen. Ich wäre schon... ja, wo genau, weiß ich auch
nicht, aber ich male es mir als Vorzimmer zum Himmel aus.

Ein letzter Steilaufschwung, und ich muß mich erst einmal über
meinen Pickel lehnen und nach Luft ringen. Meine Lungen
brennen. Wir sind auf 7000 Meter. Meine Schläfen pochen wild.
Es ist heiß. Langsam hebe ich den Kopf und halte Ausschau nach
einer etwas ebeneren Stelle, auf der ich mich ausruhen kann.

Nein, das darf nicht wahr sein! Mindestens sechzig Meter
Steilhang mit rutschigem Schnee trennen mich noch von den
Séracs. Ich bin nicht einmal sicher, ob wir, wenn wir den riesigen
Eisblock passiert haben, der uns den Weg versperrt, auch wirklich
ohne weiteres Hindernis zu den Gipfelpartien gelangen.

„Wird es ohne Probleme gehen?"

„Ja, natürlich." Ich hoffe es jedenfalls.

Im Augenblick ist mir der weitere Weg auch noch ziemlich egal.
Mich beschäftigt, was unmittelbar vor mir liegt, und das sieht gar
nicht ermutigend aus. Ich tröste mich damit, daß ich mir sage:
Jeder Hang, jede Wand ist als besteigbar zu betrachten, so lange

Mein schwerer Rucksack kostet mich meine letzte Kraft

man es noch nicht versucht hat. Ich konzentriere mich also voll auf die sechzig Meter, steil und mit unstabilem Grund.

Weiter in die Höhe. Meine Entdeckung hat mich doch sehr niedergeschmettert. Jeder Schritt kostet mich übermenschliche

Anstrengung. Ich sinke bis zu den Knien ein, oft noch weiter.
Neben mir rieselt der Schnee in die Tiefe. Ich ringe nach Luft.
Endlich die Eismauer. Ich habe beschlossen, mich dort auszuruhen, komme, was wolle. Auf meinem Rucksack sitzend, warte ich
auf David, der wenige Minuten später aus dem „Flaschenhals"
auftaucht.

„Was machst du da? Siehst du nicht, daß es da gefährlich ist?"
Immer diese Ermahnungen.

„Doch, ich weiß. Meine Güte, Berge sind überhaupt gefährlich,
und ich hab die Schnauze voll. Ich mag nicht mehr! Geh doch
weiter und mach die Spur!"

Doch David bleibt stehen, bis ich wieder meinen Rucksack
schultere. Nach etwa dreißig Meter Queren kommen wir zu einer
großen ebenen Fläche. Auf der einen Seite wird sie von einem an
die zwanzig Meter breiten Eisüberhang begrenzt, der wie ein
riesiges Vordach aussieht. Auf der anderen riegeln Eisbuckel sie
wie ein Geländer zur Leere hin ab.

Wir hocken auf unseren Säcken und sehen ein bißchen aufgeregt und benommen in die Runde. Es hat den Anschein, als
könnten wir die Gipfelhänge ohne Schwierigkeiten erreichen. Die
Hitze wird drückend. Wir müssen erst lernen, alles langsam zu
tun. In dieser Höhe ist das Haushalten mit der Kraft die erste
Grundregel. Die zweite heißt trinken, trinken und nochmals
trinken, um das Blut flüssig zu halten.

Ich hole den Kocher heraus. Es ist etwas nach 11 Uhr. Ein
unvergeßlicher Moment, als endlich die ersten Schlucke Tee
unsere ausgetrockneten Kehlen hinunterrinnen.

Reglos sitzen wir da und genießen unser Wohlbefinden. Von
unserem Punkt aus ist es noch nicht möglich, die Gipfelpartie der
Wand zu sehen, die völlig von dem Séracaufbau verdeckt wird.
David packt die Neugier, und er stapft los, während ich über den

Reglos genießen wir unser Wohlbefinden

zweiten Teil unseres köstlichen Gebräus wache. Zu oft ist der Topf
schon umgekippt.

Bis zu den Knien im pulvrigen Schnee eingesunken, spähen wir
zum oberen Teil unserer Route und sind zufrieden. Die Reflexion
ist hier so stark, daß wir trotz unserer Gletscherbrillen geblendet
werden und schützend die Hände über die Augen halten.

   Der Gipfel ist da – zum Greifen nah! Der Hang beginnt sanft,
schwingt sich dann aber steil auf. Etwa hundert Meter höher wird
er auf der ganzen Breite von zwei riesigen Klüften durchzogen.
Man ahnt eine mögliche Passage auf der Rechten, die uns zum

Zickzackgehen zwingt, weil die Fortsetzung der Route mehr nach links weiter verläuft. Der Séracriegel mit seinem nach unten abgesackten Teil hängt von jetzt an zähnefletschend über uns. Die Passage da hindurch müssen wir noch finden. Darüber ragen hübsche, extrem steile Kegel auf, die in dem Grat zwischen den beiden Gipfeln enden. Unserer ist der höhere, leicht nach rechts außen verschoben. Heute verhüllt ihn nicht der geringste Schleier. Der entgegengesetzte Punkt des Grats ist noch unbegangen. Darüber sollte auch unsere ursprüngliche Route verlaufen.

Unser Blick nach unten verliert sich in einem chaotischen Durcheinander, in einem schier unentwirrbaren Labyrinth, durch das man eigentlich nur durch ein Wunder gelotst werden kann. Wie haben wir das geschafft? Ich weiß es nicht, aber von unseren 7250 Metern aus wird mir auf einmal glasklar, daß dieser auf den Gipfel ausgerichtete Wille ganz andere Dinge auszulösen vermag, als wenn man nur einen vergnüglichen Ausflug macht. Was nehmen wir nicht alles auf uns? Von mörderisch schweren Rucksäcken gemarterte Schultern, vom Frost aufgerissene Lippen, geschwollene Hände und schließlich die Ängste, denen man hilflos ausgeliefert ist. Weder Eroberungsdrang, noch Ehrgeiz, etwas zu leisten, noch Spaß, noch Lust an Selbstquälerei sind Erklärungen auf die Frage: Warum gehen wir in die Berge? Alles nur, um uns selbst und die Welt neu zu erfahren?

„Die erste Spalte sieht mir sehr breit aus. Ich glaube, die einzige Möglichkeit, sie zu nehmen, ist wirklich ganz weit rechts. Wir müssen also unter dem Séracriegel entlanggehen. Reizt mich nicht besonders", kommt es von David.

„Ja, das bringt einen ziemlichen Umweg mit sich, denn meiner Meinung nach ist der einzige Durchstieg durch die Hängeséracs und dann viel weiter links."

Das gleißende Eis bringt meine Augen zum Tränen. Ich suche

nach einer anderen Passage, die uns die langen und beschwerlichen Querungen ersparen könnte.

Fasziniert prüfen wir die Wand, wie es nur Alpinisten fertigbringen. Ein winziger Buckel, eine Runzel, ein Nichts, und sie vermuten eine windige Stelle. Ein Schimmer, ein Schatten, und sie wissen, sie hört auf. Zeichen einer geheimen Schrift, die für jeden Anfänger ein Rätsel sind. Man braucht jahrelange Erfahrung, um Berge „sehen" zu lernen.

„Wenn wir weitergehen, schaffen wir es womöglich nicht, rechtzeitig vor dem Abend einen geeigneten Biwakplatz zu finden. Es ist derart heiß, und der Schnee ist nicht fest genug. Vielleicht sollten wir erst einmal nur eine Spur bis 7400 Meter anlegen. Wir haben dann hier einen ausgezeichneten Ort für unser Lager, und morgen kommen wir über die gespurte Route schneller hoch. So sind wir hoffentlich übermorgen auf dem Gipfel!"

Die Aussicht, ohne Last weiterzuziehen, behagt mir sehr. Ich habe mich in der Rinne ein bißchen verausgabt. Die Auswirkungen spüre ich besonders in den Beinen. Außerdem ist David der bessere Taktiker, was auf diesen Höhen sehr hilfreich sein kann. Mit Sturheit und Optimismus allein ist es da nicht mehr getan.

Gipfel . . . Gipfel . . . Gipfel. Es summt in meinen Ohren. Meine Wangen brennen. Der Schnee scheint auf einmal noch mehr zu funkeln. Ich möchte ihn küssen wie ein Gelobtes Land. Nein, ich möchte mich darin wälzen wie ein Kalb im Frühling auf der Wiese. Doch ich bleibe brav stehen, denn schon verflüchtigt sich mein Wunsch. Hier oben gelingt es mir nicht mehr, bei einer Sache zu bleiben. Alles ist in Bewegung, und ein herrliches Gefühl von Wärme durchströmt meinen Körper und läßt mir ganz wohl ums Herz werden. Mir geht es gut, außergewöhnlich gut. Ich sitze auf einer kleinen Wolke und hebe ab zu einer anderen, viel geheimnisvolleren Reise.

18 Uhr. Wir stellen das Zelt fast genau an der Stelle auf, wo wir gegen Mittag gerastet haben. Es ist zwar nicht von dem riesigen Eisvordach des Séracs geschützt, aber wir wollen uns die Sicht auf den Gasherbrum nicht nehmen lassen. Der Stauerstoffmangel macht sich bei uns nicht sehr stark bemerkbar, aber wir achten inzwischen darauf, uns nicht zu heftig zu bewegen. Es ist angebracht, unseren üblichen Gehrhythmus und das Tempo unserer Bewegungen auf dieser Höhe zu drosseln.

Wir bereiten alles für die Nacht vor – routinemäßige Griffe. Nichts kann unsere Moral beeinträchtigen. Nicht einmal der fürchterliche Pulverschnee, den wir bei unserem Spuren in Richtung Gipfel angetroffen haben. An manchen Stellen ist David bis zur Taille darin versunken. Bei gemäßigten Hängen bedeutet dieses Puderzeug nur harte Arbeit, aber bei steileren Hängen heißt es umkehren. Und die Hänge oben sind steil!

Bis jetzt war unsere einzige Sorge das Wetter gewesen. Diesmal scheint es sich auf unsere Seite zu schlagen. Die Luft ist klar, die Sonne geht sanft unter. Warum sich beunruhigen, weil ein paar Nebelfetzen um die Gasherbrum-Gipfel treiben? Öfter schon hatten schwarze Wolken am Horizont gedroht und waren am nächsten Morgen spurlos verschwunden.

Vorzimmer zum Teufel

Zum sechsten Mal seit heute morgen ratscht der Reißverschluß unseres Zeltes. Jedesmal dasselbe Bild. Das dumpfe Grollen eines Schneerutsches, und gleich öffnet einer von uns hastig den Eingang, um zu sehen, ob die Schneemassen uns diesmal aufs Dach donnern werden. Und jedesmal zwingt uns, bevor wir richtig begriffen haben, was genau los ist, ein feiner eisiger Staub, die Öffnung blitzschnell wieder zu schließen. Und immer wieder, wir können nicht anders, werden wir beim nächsten Alarm doch wieder hinausschauen. Bis zum Tagesanbruch haben wir uns in der winzigen Stoffschachtel noch einigermaßen sicher gefühlt. Aber jetzt . . .

Es war gestern beim Aufwachen ein harter Schlag gewesen. Fünfzig Zentimeter Schnee waren während der Nacht gefallen. Und es schneite noch weiter. Sprachlosigkeit. Mit dem Neuschnee schwanden viele unserer Hoffnungen. Nichts hatte auf den Wetterumschwung hingedeutet. Wir waren wie vor den Kopf gestoßen. Nein, der Schnee würde aufhören. Alles war nur ein

Schreckliche Stunden in unserer zerbrechlichen Unterkunft

schlechter Traum, und wir brauchten uns bloß die Augen kräftig zu reiben . . . Aber der schlechte Traum hörte den ganzen Tag lang nicht auf. Sehr schnell stellte sich heraus, daß unser Biwakplatz absolut nicht so sicher war, wie wir angenommen hatten. Also das Zelt woanders aufbauen. Den Schnee nach Spalten abtasten und es dichter an das Séracvordach heranrücken. Es müßte uns vor den Schneerutschen schützen. Zermürbende Arbeit. Trostloses Hin und Her. Die angefrorenen Matten ließen sich nur mit Hilfe des Feuerzeugs lösen. Der Schnee klebte unverschämt an meinen Überschuhen und machte sie zu Siebenmeilenstiefeln. Einen Arm zu heben, war wie zwei Tonnen zu stemmen. Zwischen den Atemzügen schienen Minuten zu vergehen.

Nachdem unser Umzug beendet war, verschanzten wir uns in unserem zerbrechlichen Unterschlupf. Ein langes, qualvolles Warten begann. Anfangs haben wir es noch als die übliche Angelegenheit auf die leichte Schulter genommen – mit wieviel waren wir schon fertig geworden! Doch im Laufe der Zeit wurden wir immer unruhiger und besorgter. Ständig mußten wir gegen die Zeltbahnen klopfen, um den Schnee herunterzuschütteln. Und das dumpfe Grollen kam in immer regelmäßigeren Abständen und zerrte an unseren Nerven. Doch wir fühlten uns noch relativ sicher, glaubten, den Schneemassen standhalten zu können. Denn der Séracüberhang war der reinste Schutzengel und lenkte die Lawinen ab. Sie ergossen sich an die zehn Meter rechts und einige Meter links neben uns. Die Luft war trotzdem fast nicht mehr zum Atmen.

Mit Einbruch der Nacht hatte sich das Tosen ein bißchen gelegt. Wir wollten die Ruhepause nutzen, wieder etwas Hoffnung zu schöpfen. Doch die Dunkelheit verdüsterte noch unsere Stimmung und riß schauerliche Abgründe auf. Eng aneinandergepreßt zu liegen, genügte mir nicht mehr. Ich brauchte Davids Stimme, um nicht von schwarzen Schlunden verschlungen zu werden. Und doch hatten wir auf unserem wirren Weg zum Morgen ein fast grenzenloses Vertrauen in unser kleines Zelt. Wir waren ein bißchen wie Seeleute, deren Schiff auf dem tobenden Meer dahintreibt.

Wir konnten die Stunden und Minuten nicht aufhalten. Es half kein Pläneschmieden – die Lage war klar: Nahrung für einen Tag, einen Meter Neuschnee, jeder Gipfelversuch unmöglich. Die einzige Lösung war Wetterberuhigung, die uns wenigstens die Flucht nach unten ermöglichte.

Die Welt war wieder einmal zusammengeschrumpft und beschränkte sich auf das Greifbare: Kocher, Topf, Feuerzeug, das Allernötigste zum Überleben. Aber wahrscheinlich haben wir jeder viel mehr Kraft vom anderen bezogen als von den kleinen Schlucken lauwarmen Wassers, das wir ständig tranken, um der Zeit zu entfliehen.

Das Warten wurde zur Tortur. Es gab keine Möglichkeit, sich abzulenken. Das Hirn krallte sich immer an der selben Sache fest und ließ sich auf keine anderen Wege und in keine Träume locken.

Dann wenigstens der Tagesanbruch!

Seit fünf Minuten durchwühlen wir den Schnee auf der Suche nach unserer Ausrüstung. Der feine weiße Staub ist überall – über uns, unter uns, in der Luft. Der Schraubstock, der unsere Lungen zerquetscht, löst sich etwas, aber noch nicht genug. Was ist passiert? Unser Zelt liegt mit gebrochener Stange platt auf dem Boden. Eispickel und Steigeisen sind verschwunden. Wir sitzen wie Ratten in der Falle, können weder hoch, noch runter, dürfen aber auch nicht auf der Stelle bleiben, wo uns eben die Lawine weggeblasen hat.

Der Lärm hatte zugenommen. Weiter ging unser Reißverschluß auf und zu. Die Gefahr rückte bedrohlich näher . . . Sollten wir rausstürzen, damit uns der Schnee nicht lebendig begrub? Und da kam sie schon, die alles verschlingende Welle, mit dumpfem Grollen angetobt. Wir stützten das schwache Zelt . . . lächerlich. Der Druck des Schnees wurde stärker, die Stangen gaben nach, der Boden hob ab. Wir wurden durch die Gegend gerollt. Dann regte sich auf einmal nichts mehr. Unheimliche Stille. Wir wußten nicht, wie lange wir dagelegen hatten.

Jetzt, wo wir am Leben sind, müssen wir unbedingt die Rucksäcke packen und den Ort des Schreckens verlassen. Doch wohin sollen wir? Wir vermeiden es, genauer darüber nachzudenken. Die Rinne ist zum Trichter des größten Teils der Lawinen geworden. Und wir sind unendlich matt. Einen vor Frost nur so krachenden Schlafsack zusammenzurollen, Schnee abzuschütteln, sich zu bücken, um die Reste unserer Behausung einzusammeln, kostet uns ungeheuer viel Kraft und Zeit. Die Überschuhe anziehen. Sie sind vereist. Pickel und Steigeisen sind aufgetaucht. Letztere passen nicht auf die verkrusteten Sohlen. Es schneit weiter. Es ist 8 Uhr. Wir müssen nach unten!

Mit zwei Eisspiralen, einem Eispickel und einem Sechzig-Meter-Seil, das dünner als die anderen ist, macht sich David ans Queren zum Einstieg in die berüchtigte Rinne. Der Schnee ist mindestens hüfttief und rieselt. Es kommt das Stück mit dem rutschigen Schnee, wo man erst das Ende einer Lawine abwarten muß, um sich daraufwagen zu können. Es gilt, schnell zu sein, denn es bleibt bestimmt nicht viel Zeit bis zur nächsten. Jede von Davids Bewegungen, jedes seiner Manöver „sitzt". Er vollbringt in dieser bedrohlichen Situation wahre Wunder.

Hier oben auf 7000 Meter sind Himmel und Erde verschmolzen, und ohne Orientierungspunkte in dem tiefen Schnee herumzutreiben, kann leicht das Ende bedeuten. Uns ist, als hätte die Welt

Himmel und Erde sind verschmolzen und bieten keine
Orientierungspunkte

der Menschen uns längst ausgeschlossen, als wir die wulstige
Eiswand am oberen Ende der Rinne erreichen. Russisches Roulett
kann nichts dagegen sein. Das heftige Pochen unserer Herzen
wird vom Ächzen des Berges übertönt, dem seine weißen Massen
zu schwer geworden sind.

Ich fühle mich sowieso schon fast außerhalb der Wirklichkeit,
als um mich herum alles kracht. Vorher ertönt immer ein dumpfes
Grollen. Wir haben in den letzten gut vierundzwanzig Stunden
gelernt, wie sich Lawinen ankündigen. Sich zwingen, zu glauben,
daß es nichts war, daß man sich verhört hat, damit einen die Angst
nicht lähmt. Ich hatte es fast geschafft, als ich vor wenigen
Minuten in den Flaschenhals einstieg. Aber diesmal hilft kein
Täuschungsmanöver ...

Der Schock ist fürchterlich. Mir ist, als würde ich plötzlich *Roller Coaster* fahren. Das Herz bleibt mir stehen, der Boden schwindet, Hinterteil überm Kopf, die Gesetze der Schwerkraft sind aufgehoben.

Dann umgibt mich Totenstille. Ich ersticke am Ende des Seils wie ein Fisch an der Angel. In meiner Brust hämmert wie verrückt mein Herz, aber die Tür öffnet sich nicht. Mir fehlt die Kraft dazu... Luft!... Dieses Gewicht, das mich in die Tiefe zieht, dieser Rucksack, zwanzig Kilo, ich werde das Ding nicht los. So muß es einem Selbstmörder ergehen, der, an einen Stein angebunden, ins Wasser springt und es plötzlich bereut. Er kann sich von seiner Fessel nicht mehr lösen, die ihn unweigerlich zum Grund hinabzieht, wo er seine besseren Tage verbringen wird... So traurig ist das eigentlich nicht, schießt es mir durch den Kopf. Es dauert nur so lange. Ich muß sterben, ich fühle es. Der Mechanismus, der die Zeit aufzieht, funktioniert nicht mehr. Liebäugeln mit dem Tod? Mir erscheint es jedenfalls viel angenehmer, sich in seine Arme zu begeben, als um mein Leben zu kämpfen.

Und so wartet der Knochenmann neugierig, während die Lebenskraft doch noch wie wild um sich schlägt, um atmen zu können. Und unerklärlicherweise füllen sich meine Lungen auf einmal pfeifend mit Luft. Ich stehe auf wackeligen, zitternden Beinen und kann nicht sagen, ob ich die ersten Atemzüge dankbar genieße. Sie sind eher schmerzhaft, meine zerschundenen Seiten japsen wie die Kiemen eines ängstlichen Fisches. Die Atmosphäre ringsum wirkt weiter bedrohlich. Aber was soll's, die Rückkehr ins Leben ist viel zu schmerzlich, als daß ich mich schon um die Zukunft sorgen könnte – die wohl die nächste Lawine bringt! Unmöglich, mich zu rühren oder der dumpfen Stimme sechzig Meter über mir zu antworten, die mich zum Leben ermahnt.

Ohne sie hätte ich mich bestimmt vergessen und wäre ganz sanft hinübergegangen. Angst kommt in solchen Situationen erst später, wenn man wieder wirklich bei den Lebenden ist.

Während meines schier endlosen Sturzes ist David, durch eine Eisspirale gesichert, in der Wand geblieben. Er hat mit aller Kraft das Seil blockiert und gleichzeitig versucht, sich vor dem tödlichen Eisstaub zu schützen, den jede Lawine unweigerlich mit sich bringt. Jetzt steigt er wie ein Besessener die Rinne herunter – eine Pflugspur hinter sich lassend.

„Geht es?"

„Ja, es geht." (Alles ist relativ.)

„Dann sieh zu, daß du so schnell wie möglich weiter runter kommst und unser altes Lager erreichst. Es ist einigermaßen geschützt."

Wie? Wo entlang? Mir schwirrt der Kopf. Meine Beine schlottern nur so. Ich bin wie ausgeleert. Als ich am Fuß des Sérac anlange, breche ich in Tränen aus. Die Reaktion auf das Ganze.

Noch nie habe ich mich auf einem Berg in solch einer Situation befunden. Dabei klettere ich schon über zehn Jahre. Nicht einmal in der Eiger Nordwand, in die ich mich ohne große Erfahrung gewagt hatte. Damals hatte ich erst zwei Saisons in den Bergen hinter mir, davon einige Touren in reinen Frauenseilschaften mit einer meiner Schwestern. Den Eiger als Wochenendausflug? Warum nicht, dachte ich mir, als ich die Einladung erhielt, ihn zu besteigen.

Acht Tage in der Wand, davon vier ohne Essen und Trinken, haben mich eine Menge über die körperlichen und seelischen Grenzzonen gelehrt. Ohne daß es mir recht bewußt wurde, bin ich vom Alpinismus „für Damen" zum Alpinismus „für Helden" übergewechselt.

Damals war ich zwar so weit emanzipiert, daß ich mich nicht in

202

das übliche Frauenschema: „Frau ist gleich zartes zerbrechliches Wesen am heimischen Herd" pressen ließ und wo es ging dagegen aufbegehrte. Aber mir war trotzdem nicht so richtig klar, warum ich in das verbotene Territorium eindrang. Bergsteigen war, jedenfalls in den extremen Bereichen, reine Männersache. Wollte ich beweisen, daß mein Geschlecht es mindestens so gut konnte? Im Nachhinein kann ich sagen, daß mich die Arena der Helden nicht angezogen hat. Ich wollte keinen Konkurrenzkampf mit ihnen, um zu beweisen, was alles in der Frau steckt. Ich wollte nur meinen eigenen Weg gehen, und der hat mich so ziemlich von Anfang an abseits geführt.

Ich war ganz wild auf Gebiete und Berge, wo der Rummel, das Spiel um die Ehre und der ganze alpinistische Firlefanz nicht möglich waren. Dazu bin ich sehr bald in die Ferne gereist: Amerika, Kenia, Hoggar, Afghanistan, Nepal – und jetzt Pakistan. Ich wollte nichts von den alpinistischen Spielregeln wissen, und nichts fand ich schrecklicher als das ewige Trainieren. Insofern bin ich Berglaie geblieben. Ich kann den fünften Schwierigkeitsgrad nicht vom sechsten unterscheiden, und ich vergehe nicht vor Bewunderung vor einem Bergsteiger, nur weil er den Gipfel XY, die eine Hand in der Hosentasche, solo bezwungen hat. Ich bin viel eher auf der Suche nach tieferer Erfahrung, nach dem Abenteuer, das mir nicht beweist, wie toll ich bin, sondern wie und was ich wirklich bin. Der Masherbrum hat sich da als ein hervorragender Berg erwiesen. Das lange Abgeschnittensein von jeglichem Leben, die Gefahren und die Strapazen führen bald dazu, daß das herkömmliche Weltbild ins Wanken gerät. Verrückt? Für manche mag es das sein. Soviel Risiken, nur um sich selbst zu erfahren? Für mich ist es eine Form von Leben. Nichts für Sicherheitsfanatiker, die alles Lebendige zu Tode konservieren.

MASHERBRUM – AUS DER TRAUM

Rückzug ins Ungewisse

Die nächste Lawine donnert herab, verschont uns jedoch. Wir müssen einen Rückzugsweg nach unten finden. Das ist nicht einfach. Unsere gespurte Route ist zum größten Teil unter dem Schnee verschwunden. Und all diese weiße Watte droht unter jedem Schritt in riesigen Platten wegzurutschen.

Nicht an die Zukunft denken. Im Augenblick gilt es, so schnell wie möglich das Plateau am Wandfuß zu erreichen, bevor die Hitze die dicken Schneeschichten in Bewegung setzt, die wie Daunenkissen jeden Sérac bedecken. Wir müssen sie an ihrer Basis diagonal queren und dabei durch Lawinenzonen absteigen. Den Rucksack wieder aufnehmen. Er ist dreimal so schwer. Jeder Atemzug ist mit einem messerartigen Stich in der Seite verbunden. Meine armen mitgenommenen Rippen. Nach wenigen Schritten schon bin ich erschöpft. Mir ist, als hätte das Blut meinen Körper verlassen. Übriggeblieben ist eine leere Hülle, die nichts von ihren Möglichkeiten weiß. Zum Glück spurt David. Manchmal steckt er hüfttief im Schnee, aber meist gelingt es ihm, etwas stabile Tritte anzulegen.

Ich muß mich nur auf jeden meiner Schritte konzentrieren. Das Bein heben und den Fuß etwas tiefer aufsetzen, ohne dabei ins Rutschen zu kommen. Das kann ich mir kräftemäßig nicht mehr erlauben. Denn um mich wieder aus dem grundlosen Pulverschnee hochzuarbeiten, bräuchte ich eine Energie, die ich einfach nicht mehr aufbringen kann.

Wenigstens hat sich die Sicht etwas gebessert. So landen wir nicht in dem Gebiet mit den klaffenden Spalten, zu dem es uns in dem undurchsichtigen Grau von vorhin bestimmt unweigerlich getrieben hätte.

Endlich das Plateau! Ich will mich nur noch hinlegen und trinken. Trotz der Schmerzen in den Rippen und dem fürchterlichen Stechen habe ich das Gefühl, in der Waagerechten leichter zu werden. Die Lawinen? Im Augenblick kümmern sie mich nicht.

Ich bin zu abgekämpft, um weiterzugehen. Die Aufheiterung war auch nur für einen kurzen Moment. Es fängt wieder zu schneien an. Und es schneit dann, wie sich herausstellte, auch die ganze Nacht.

Vier Tage sollten wir voller Ungewißheit in einer undurchsichtigen, phantomhaften Welt umherirren, die wir immer wieder mit Schöpfungen aus unserer Phantasie bevölkern. Wir haben keine Bezugspunkte mehr, weder im Raum, noch in der Zeit.

Innen grau, außen grau. Farbe der Schwermut, Farbe des Absterbens.

Der Boden unter unseren Füßen ist unsichtbar, der Weg ebenfalls. Wir haben nicht einmal mehr die Kraft, unsere Verzweiflung auszudrücken. Nur so ein ängstliches Ziehen in Herz und Magen, das um keinen Preis aufhören will. Wenn einer von uns plötzlich mit einem Seufzer in einer Spalte verschwinden würde, glaube ich nicht, daß der andere das merkwürdig fände.

Und in dieser tiefen Hoffnungslosigkeit sind gestern auf einmal die Nebelschleier aufgerissen. Wir waren gerade mitten auf dem Gletscher verloren, der uns zu dem ersten Plateau führen sollte. Verirrte, deren Rucksack den einzigen Halt bot. Das Spiel der

Vollkommen erschöpft erreichen wir das Lager

Sonne mit den Wolken hatte zuerst etwas Erschreckendes, weil dabei riesige Schattenmonster über den Schnee huschten, der sonst so unberührt dalag. Wir kniffen die Augen vor Überraschung und Schmerz zusammen – das Licht war so stark –, und meinten, nichts wiederzuerkennen. Funkelnde Feenpaläste waren aus dem Boden geschossen. Der Schnee hatte Wunder vollbracht. Wir spürten, wie langsam Leben in uns zurückkehrte.

Nach rechts? Nach links? Ich habe keine Ahnung. Ich setze meinen Fuß auf das riesige Plateau vor dem Schönen Grat. Hier kann man sich so leicht verirren wie auf dem Packeis. Wie soll ich das David erklären, der vor lauter Sonnenstrahlen „abgehoben" und wie ich nicht nach unserer Route Ausschau gehalten hat? Und jetzt stecken wir wieder in dichtem Grau und blinzeln gegen die

Schneeflocken an, die uns von schräg attackieren. Der Wind ist heftiger geworden, und wir frieren bis auf die Knochen.

„Gut. Ich spure, und du bleibst fünfzehn Meter hinter mir und sagst mir, wenn ich von der geraden Linie abkomme."

„In Ordnung."

Ich wäre mit allem einverstanden. Ich bin sowieso zu nichts mehr in der Lage als David zu folgen. Diese Methode soll bei der fehlenden Sicht verhindern, daß man im Kreis herumgeht.

Das ist mir am Montblanc mit einer polnischen Gruppe passiert. Das schlechte Wetter hatte uns überrascht, und wir schafften es nicht mehr, zum Aiguille du Midi zu kommen. Nach langem Umherirren stießen wir wenigstens auf eine Hütte von Seilbahnarbeitern. Ich werde dieses schöne Gefühl nicht vergessen, das ich hatte, als ich in eine alte Decke eingewickelt, den Hunger mit vertrocknetem Brot etwas gestillt, auf einer harten Bank lag. Aber hier oben würden wir auf keine Hütte stoßen. Was sollten wir also noch weiter suchen? Mein einziger Wunsch: das Zelt aufzustellen.

Zum x-tenmal bauen wir unseren vereisten Unterschlupf auf. Er taut überhaupt nicht mehr ab. Gestern hätte ich um ein Haar das Zelt in Flammen aufgehen lassen ... Das Nylonzeug zischte fürchterlich, aber wir wurden nicht zu lebenden Fackeln. Nur ein großes Loch blieb zurück, das ich notdürftig mit Heftpflaster zu reparieren versuchte.

Ich habe immer mehr Mühe, hineinzukrabbeln. Der Automat, der ich geworden bin, ist eben sehr steif. Die Schuhe draußen abschütteln, den Schnee so weit wie möglich abkratzen. Der hat ein boshaftes Vergnügen daran, an allem kleben zu bleiben – an den Rucksäcken, am Zelt, an den Gamaschen, an den Hosen ... Und da die Sonne sich weiter durch Abwesenheit auszeichnet, verschwindet alles langsam unter einem Eispanzer.

Zum zweitenmal werfe ich den Kochtopf voll Wasser um. Ich bin von einer Ungeschicklichkeit... Meine geschwollenen Hände gehorchen mir nicht mehr richtig. Meine vom Frost aufgeplatzten Lippen können den Speichel nicht mehr zurückhalten. Unter uns die Seile, die Rucksäcke und die Schlafsäcke ausbreiten, um uns gegen den Eisboden abzupolstern. Wir reden nicht miteinander. Warten auf die Nacht. Sehnsucht nach dem Morgen.

Die Passage über den Schönen Grat war auch noch ein fürchterliches Stück auf unserer Flucht nach unten. Ein unvorsichtiger Schritt, und alles konnte in die Tiefe krachen. Kein Schutz, keine Sicherung möglich. Ein seltsames Ächzen, und wir glaubten schon... aber nichts geschah. Es hatte wieder zu schneien angefangen.

Auch heute abend haben wir noch keine Sicht ins Tal. Nach all den Tagen in den großen Höhen – zehn sind es mindestens –, wäre es für uns schon sehr ermutigend, etwas zu erblicken, das wie Gras aussieht. Aber nein! Wir irren noch immer in dieser bleichen Wattewelt umher, wo nichts Halt hat. Die Luft ist zum Ersticken. Am Himmel entdecken wir dann doch für einen Moment einen Hoffnungsschimmer: etwas rundes Helles wie eine Sonne aus Wasser oder ein Mond ohne Leuchtkraft.

Wir können nicht einmal mehr den Schönen Grat sehen, obwohl wir nur wenige Meter unterhalb von ihm sind. Die Wolkenschicht hängt gerade da, wo er als Welle zum Himmel emporragt. Talwärts fängt der Schneevorhang etwa vier Meter weiter unten wieder an. Mitten in diesem Guckkasten steht unser kleines Zelt, ein winziges blaues Dreieck, das einem gelähmten Hund ähnelt, den nur noch seine Vorderbeine tragen und der sein Hinterteil einfach hinter sich herschleift. Die mit Isolierband geflickten Stangen wollen einfach nicht mehr.

Mit den Tagen legt sich unsere Angst. Wenn es uns morgen gelingt, den scheußlich langen Steilhang abzusteigen, der ein paar Meter unter uns in die Tiefe fällt, können wir hoffen, uns bis zum vorgeschobenen Basislager durchzuschlagen. Dann dürfte das Schlimmste überstanden sein. Wir haben gerade unsere letzten Nahrungsmittel aufgegessen: zwei gefriergetrocknete Gerichte, die auch diesmal nur wie üblich, also nach nichts, schmeckten.

Gott sei Dank friert es polarisch.

Die Sonne. Am liebsten würde ich weinen. Ein ungeheurer Lebenswille beginnt sich in mir zu regen und hämmert in meinen Schläfen, auch wenn mein Körper nur ein altes verrostetes Gestell ist. Jetzt bin ich sicher, daß wir heute noch im vorgeschobenen Basislager sein werden.

„Die Sonne macht den Steilhang noch gefährlicher."

Davids Worte reißen mich aus meinem süßen Wohlbehagen. Sie nerven einen, diese Leute, deren Kopf immer am Arbeiten ist. Doch ich muß zugeben, daß man mit ihnen nicht nur weit gehen kann, sondern auch zurückkommt.

Unempfänglich für meine Stimmung macht sich David daran, methodisch den Schnee mit dem Schaft seines Eispickels zu sondieren. Ein guter Meter! Er sichert sich selbst mit Steigklemmen (er traut meinen Kräften aus gutem Grund nicht mehr), steigt dreißig Meter ab und arbeitet dabei eine Art Schneise aus.

„Schlag noch einen Haken ein und komm! Ich seile dich ab. Wir müssen den Hang meiden, er ist zu lawinengefährdet."

Das Abseilen im Dülfersitz am hauchdünnen Spinnenfaden gibt mir ein unangenehmes Gefühl im Magen. Während ich in der Luft baumele, schließe ich die Augen, um nicht von der Leere unter mir verschlungen zu werden, und in meiner Phantasie lockert sich der Haken mindestens schon zum drittenmal. Erst als ich vorsichtig die Augen öffne, merke ich, daß ich mich, die Hände krampfhaft ums Seil gekrallt, selbst blockiert habe. Langsam lasse ich es durch meine Finger gleiten, bis ich wohlbehalten bei David lande.

Von dem, was dann folgt, habe ich keine Erinnerung. Der Weg und ich, wir müssen uns über ein großes Stück verbündet haben.

Nur die letzten Schritte waren zum Verzweifeln. Die Steigeisen verklumpten derart, wie ich es nicht für möglich gehalten hätte. Bei jedem Schritt mußte ich mit dem Pickel dagegenschlagen, damit sich der Schnee von den Zacken löste. Einmal diesen Reinigungsvorgang vergessen, und ich würde unweigerlich ins Rutschen kommen. Meine Seiten brannten und stachen, mein ganzer Rücken war ein einziger Krampf, meine Beine zitterten, und meine Zunge war zu einem unförmigen Klumpen geschwollen. Noch über all die vereisten Gletscherpartien. Nur nicht immer zum Zelt sehen, das bei jedem Blick einen Satz nach hinten zu machen schien!

Rückkehr ins Yak-Gebiet

Nach zwei Tagen totaler Leere füllt sich mein Hirn wieder mit Eindrücken. Noch recht verschwommen, Grau in Grau, aber immerhin. Ich bin im Basislager. Und langsam kommen auch die Erinnerungen.

Der Masherbrum – es ist aus mit ihm!

Gesättigt und in meinen Schlafsack gepackt, hatte ich mich nicht mehr aus dem vorgeschobenen Basislager rühren wollen. Wozu auch? Mit dem Gipfel war es endgültig vorbei, ich verspürte absolut keine Lust, es später noch einmal zu versuchen. Anderer-

210

seits fühlte ich mich auch nicht imstande, noch am selben Tag, beladen wie ein Packesel, zum Basislager abzusteigen.

David zog es jedoch vor, in einem Zug nach unten zu gehen. Es schneite, also blieb mir eine Chance, mich weiter auszuruhen. 16 Uhr 30. Aufheiterung. Es ist beschlossen, wir brechen für immer die Zelte hier ab. Ganz nach unseren Prinzipien lassen wir nichts am Berg zurück und beladen uns mit all unseren Sachen. Davids Rucksack wiegt an die 35 bis 40 Kilo, meiner so zwischen 28 und 30 Kilo. Ich stopfe mich mit Schmerztabletten voll, weil meine Rippen unter der Last noch mehr aufschreien. Das weitere aus meinem Tagebuch:

„Ich bin müde und kaputt, aber der Gedanke, noch einmal hierher zurück zu müssen, wenn wir nicht alles fortschaffen können, macht meinen Rucksack leichter. Martyrium. Abstieg über den Hang und zum zweiten Gletscher. Die reinste Rutschpartie. Passage durch das Gletscherbecken, das sich in den zwölf Tagen völlig verändert hat. Die Rucksäcke werden immer mehr zur Tortur. David will sie hier zurücklassen. Doch in diesem Teil sind die Spalten riesig und gefährlich geworden. Wir schaffen die Lasten noch auf die andere Seite und deponieren einen Teil."

„Die Nacht kommt mit großen Schritten. David ist jetzt erheblich erleichtert und führt in einem schauerlichen Tempo. Ich kann nicht so schnell folgen. Ich japse und weiß nicht, was ich tue und wo ich bin. Ich verfluche diesen Gewaltabstieg, nur um „luxuriös" im Basislager zu übernachten. Es wird dunkel, als wir zu den steilen und vereisten Partien oberhalb des letzten Gletschers kommen. Der Gletscher selbst ist gar nicht so schlimm, wie wir uns vorgestellt haben, und wir erkennen auch in der Finsternis die Passagen. Völlig geschafft stolpere ich über die letzten Meter zum Basislager.

Nach der Ankunft im vorgeschobenen Basislager

Fürstliches Gelage: Chapatis mit Eiern. Mustag ist dagewesen. Dann noch Leberpastete, Zwieback, getrocknete Früchte. Magen- und Darmbeschwerden die ganze Nacht durch. Scheußliche Schmerzen in den Rippen. Müde..."

Ja, die Dosen mit Leberpastete, die mir zwei besorgte Freundinnen für den Tag mitgegeben hatten, an dem unsere Lebensmittel ausgehen würden! Wir hatten sie sorgfältig unter einem Felsbrocken frisch gehalten. Jetzt schien uns der richtige Moment dafür gekommen, sie endlich zu öffnen. Um ja nichts von der Kostbarkeit zu verschwenden, habe ich das Fett in die Suppe getan, und anschließend verschlang jeder von uns eine Dose bis auf den letzten Krümel. Nach all den Tagen Gefrierkonzentrat-Essen mußte das zur Katastrophe führen. Ergebnis: ständiges Hin und Her zwischen Zelt und draußen.

Meldung: „Nachdem sie zwölf Tage lang heldenhaft den extremen Höhen getrotzt hatten und mit knapper Not den Lawinen entronnen waren, starben die beiden tapferen Alpinisten an einem Übermaß an Gänseleberpastete. Wir sind erschüttert über den tragischen Tod." Wir waren wirklich zu blöd! Das reinste Harakiri, einem entwöhnten Magen so etwas zuzumuten. Unser Gehirn war wohl noch zu träge gewesen, um uns zu warnen.

An diesem 14. August sind wir auch noch nicht so voll empfänglich für unsere Situation. Wir treiben weiter durch graue Zonen und schaffen es nicht, den Kontakt zur Wirklichkeit herzustellen.

Der Wolkenvorhang hat sich noch nicht sehr gelichtet. Gerade so weit, daß David ohne Schwierigkeiten die vor dem Gletscherbecken zurückgelassenen Sachen holen kann. Er braucht vier Stunden, um die 30 Kilo herunter zu transportieren.

Anschließend ist die Schlepperei nur noch so etwas wie ein Alptraum, an den ich noch längere Zeit schmerzhafte Erinnerungen in den Schultern und im Kreuz zurückbehalten soll.

Und allmählich endet alles gut. Wir steigen, eine nach der anderen, die Stufen hinab, die uns ins Reich der Einsamkeit geführt haben. Es ist ziemlich genau zwei Monate her, seit wir das Basislager aufgebaut und die Regionen der Menschen verlassen haben. David schüttelt unserem Begleitoffizier die Hand. Shaffique ist gerührt und höchst glücklich, uns lebendig wiederzusehen. Seit einigen Tagen hat er sich ernsthafte Sorgen um uns gemacht. Zweimal, am 5. und am 10. August war Mustag ins Basislager hochgestiegen. Niemand. Auch keine Nachricht. Die Tage vergingen, und Shaffique wurde immer unruhiger. Er hat sogar einen Suchtrupp mit einem Begleitoffizier einer englischen K 7-Expedition auf die Beine gestellt. Dieser Offizier war, im Gegensatz zu Shaffique, Alpinist. Da die Engländer ihm keine Ausrüstung mitgaben, benutzte er das kleine Zelt, das wir aus Versehen zurückgelassen hatten.

Später hören wir mit ein bißchen Staunen Urteile über Begleitoffiziere. Sie fallen eigentlich immer wie unseres aus: sympathisch, jung, sehr gute Englischkenntnisse, hilfsbereit . . . Shaffique – unsere Perle. Anfangs war es sein Wunsch gewesen, uns glücklich zu erleben und uns so gut wie möglich dabei zu helfen, den Gipfel zu erreichen, damit er auch bald wieder nach Pindi konnte. Doch in den letzten Tagen sah er seine Aufgabe nur noch darin, uns lebendig zurückzubringen, ganz gleich, was er dazu in Bewegung setzen müßte.

Gestern hat er bestimmt ein quälendes *Eid*-Fest (vergleichbar mit unserem Weihnachten) verbracht. Er fürchtete das Schlimmste und ließ sich nicht von Mustag trösten, der immer wieder geträumt hatte, uns sei nichts zugestoßen. Jedenfalls waren sich alle einig, sie würden uns auch ohne Ausrüstung, notfalls in Turnschuhen, vom Berg holen.

214

Heute gibt es zum Abend köstliches pakistanisches Essen, um unsere Rückkehr zu feiern. Tomatenscheiben, Rettichscheiben, schöne grüne Salatblätter, dazu einen feurigen Gewürzreis. Mit Gemüse gefüllte Teigtaschen und Chapatis runden das Mahl ab. Mustag weiß, was wir nach all den Anstrengungen brauchen.

Anschließend läßt Shaffique Betten für uns herrichten und schickt Mustag los, fünf Träger aufzutreiben, die noch heute nacht all unsere Sachen vom Basislager abtransportieren sollen.

Heute morgen schneite es noch oben, und jetzt liegen wir in richtigen Betten. Dazwischen sieben Stunden Marsch. Wir waren spät aufgebrochen, hatten noch das Zelt abgebaut, das Material in Lasten zu je zwanzig Kilo gepackt, den Abfall verbrannt und sichtbar all das ausgelegt, worauf die Leute der Gegend scharf sind: leere Konservendosen und Gaskartuschen. Auf dem Hinweg hatten wir in Hushe ein Kind gesehen, das mit einem wunderschönen Traktor aus Schuhwichse-Dosen spielte.

Wir sind ganz langsam, fast wie widerwillig, abgestiegen. Es hatte zu schneien aufgehört. Langsam war die Wolkenschicht aufgerissen, und eine bleiche Sonne ließ sich blicken. Sie war da, bevor wir den chaotischen Gletscher mit seinen Tischen und der immer schwerer zu begehenden Gletscherzunge hinter uns hatten. Ein Feld, übersät mit Felsbrocken, die nur zu leicht unter den Füßen wegkippten. Von dort aus hatten wir keine Sicht mehr auf den Masherbrum. Erleichtert erreichten wir die Pfade, die sich über die Rücken der Seitenmoränen winden. Von den Tieren angelegt, verlaufen sie in phantasievollen Mustern, verdoppeln sich, schneiden sich, aber erleichtern einem das Vorankommen.

Endlich Shakshah! Wieder war das Lager verlassen. Rast, um unsere letzten Lebensmittel zu verschlingen: eine Dose mit weißen Bohnen aus Bulgarien, wie das Etikett besagte. Sie mußte aus Shaffiques eigenen Beständen stammen; eine Dose Ölsardinen und ein paar wirklich trockene Aprikosen, die wir, weil sie so vertrocknet waren, bisher immer aufgehoben hatten. Wir waren nicht mehr wählerisch. Der Himmel schwankte zwischen Regen und bleichsüchtiger Sonne. Alles war still. Ein kleiner Wind strich über die hier sehr trockene Erde und ließ uns frösteln. Herbstwind. Er trieb uns nach unten.

Noch einmal versuchten wir es nicht mit dem üblichen Weg, denn der Baumstamm über den Hushe River war bestimmt noch nicht ersetzt worden. Also die Tour über den Gletscher auf die andere Seite des Flusses. Das Umherspringen zwischen den grauen Steinen kam uns endlos vor. Dabei schien von oben der gewaltige Zusammenfluß der Täler von Hushe, Ghondogoro und Alling, wo Domson liegt, in Greifweite.

Dann führte der Weg deutlich durch sandiges Wald- und Gestrüppgebiet. Der Masherbrum tauchte wieder auf – majestätisch, stolz... Er beherrschte das Tal und wehte seine Schneefahnen in den Spätnachmittagshimmel. Ein letzter Blick...

„Am Abend des 14. August sind wir in Hushe angekommen", schreibt David in seinem Tagebuch. „Das Wetter war schön, das Licht sanft und von der Art, wo man meint, die Dinge würden schweben. Am Eingang zum Ort hat eine Frau Christine gefragt: ‚Mimsahib pak?' und auf Chris' Rucksack und dann auf ihre Schultern gezeigt. Chris hat den Kopf geschüttelt und gelächelt. Dann sind wir die überdachte Straße hinunter. Viele Männer waren da, standen im Kreis herum, hockten an den Hauswänden. Es waren zahlreiche Träger da, die wohl gerade von verschiedenen Expeditionen zurückkamen. Sie haben uns lange angesehen, und ich meine, einiges in ihrem Blick gelesen zu haben: Neugier, freundschaftliche Bewunderung, Staunen, Fragen. Wir sind vor ihnen stehen geblieben, ohne ein Wort zu sagen. Sie haben gelächelt, und zwei sind an uns herangetreten, um uns die

Rucksäcke abzunehmen. Erst da ist mir eingefallen, daß man uns eigentlich schon verloren geglaubt hatte. Wir verließen in dem Moment unsere Welt der Einsamkeit: Wir schauten Menschen an und wurden von ihnen angeschaut."

Noch einen Schritt weiter in die Zivilisation

15. August. Es ist recht schönes Wetter. Wir sitzen unter dem Vordach der Ambulanz-Station und kommen uns ein bißchen wie Genesende vor. Wir lassen uns vom Begleitoffizier verwöhnen. Er bringt uns gerade Tee. Da Mustag noch mit den Trägern unterwegs ist, unsere Sachen zu holen, hat Shaffique spontan das Kochen übernommen. Bis zu dieser Expedition hatte er noch nie einen Kochtopf angerührt. Doch da sein Vertrauen in die Sauberkeit der Bevölkerung von Hushe nicht allzu groß war, hatte er von Mustag ein paar Kniffe abgeschaut, um sich sein Essen selbst kochen zu können, wenn dieser zum Basislager unterwegs war. Er weiß inzwischen, wie man Chapatis und auch Parathas (in Fett geröstete Vollkornmehl-Fladen) zubereitet. Er hat zwar noch nicht die Geschicklichkeit von Mustag, aber immerhin...

Die Stunden verstreichen, alles ist angenehm, wir denken an nichts und fühlen uns nur wohl. Unsere Wünsche sind sehr einfach. Sich waschen. Shaffique hat schon veranlaßt, daß Wasser für uns heiß gemacht wird. Unsere Kleidung waschen. Jemand wird es für uns tun, wir brauchen sie nur hinzugeben. Wir sitzen reglos in der Sonne, den Blick ins Tal gerichtet. Den Gipfel haben wir vergessen. Hat es ihn überhaupt gegeben? Wir haben im Augenblick weder Vergangenheit noch Zukunft.

Die letzten Ängste sind hoffentlich mit der Nacht vergangen. David ist plötzlich hochgeschreckt und hat auf einmal geschrien: „Eine Lawine!" Im Schlaf hatte er wohl das Grollen des Hushe River, der riesige Felsbrocken mit sich wälzt, für das Geräusch herabdonnernder Schneemassen gehalten.

Wir sind im Tal. Was kann uns passieren? Es ist bereits Zeit für das Mittagessen und ein Schläfchen. Für uns gilt, alles wiederzuentdecken. Ein ganzes Leben liegt vor uns.

In den Abend kommt etwas Unruhe durch die verspätete Rückkehr der Träger. Sie hatten sich im Dunkeln auf dem Gletscher verirrt und mußten den Tagesanbruch abwarten. Schwitzend und keuchend sind sie dann in einem Höllentempo über Shospan marschiert. Fünf große, zum Teil halbleere Säcke – der Rest unserer Expedition. Und doch haben wir nichts am Berg zurückgelassen. Ich schenke Mustag meine Daunenjacke, die ich mir 1974 voller Stolz für Afghanistan gekauft hatte. Er hat sie jetzt schon die ganze Zeit getragen, obwohl Sommer ist, und ich kann mir nicht vorstellen, daß der Winter in Saling warm ist. Koch und Begleitoffizier behalten üblicherweise ihre Kleidung und Ausrüstung, die sie am Anfang der Expedition bekommen. Doch Shaffique gibt uns sein Hemd, seine Kniebundhose und seine Daunenjacke zurück, weil er die Sachen in Lahore nicht brauchen kann. Es ist dort fürchterlich heiß und stickig.

Wir waren zufrieden mit unseren Trägern, mit unserem Koch und unserem Begleitoffizier. Nur eine Beschwerde würden wir am liebsten an das Ministerium für Tourismus richten: das Wetter. Es war die große Enttäuschung unserer Expedition. Ich hatte vorschnell afghanische Witterungsverhältnisse auf den Karakorum übertragen. Als wir 1974 einen Monat im Wakhan waren, hatten wir keinen Tag wirklich schlechtes Wetter gehabt. Mal hin und wieder eine Stunde Graupelschauer war alles.

David, der so schnell wie möglich zurückwollte, liegt jetzt sterbenskrank im Bett. Darmbeschwerden. Der Durchfall hört einfach nicht auf. Wahrscheinlich ist die zu üppige Kost nach all den Tagen mit gefriergetrockneter Nahrung schuld. Unser Begleitoffizier, der noch immer humpelt, hat sich schon heute morgen um 5 Uhr auf den Weg gemacht. Die Träger scharren jetzt ungeduldig mit den Füßen. Mustag bietet sich an, sie nach Kande zu begleiten, wo sie Shaffique treffen werden. Ich gebe ihm eine Botschaft mit.

Keine Menschenseele außer uns ist mehr in der Ambulanz-Station. Eine Tür knarzt. Das Wetter ist trostlos. Was suchen wir noch hier? Wir sollten losmarschieren.

Im Laufe des Nachmittags geht es aufwärts mit David. Wir stehlen uns wie zwei Diebe fort, ohne einen Blick zurückzuwerfen. Der Weg ist breit und sandig. Ein kräftiger Wind kommt auf und vertreibt den Regen. Zu unserer Rechten tost der Hushe. Seine Wassermassen haben seit unserem Hinweg stark zugenommen. Ich habe auf einmal das Gefühl, neu zu atmen. Wo werden wir die Nacht verbringen? Keine Ahnung. Unterwegs zu sein, beflügelt meinen Geist.

Wieder überqueren wir die moderne Brücke, dieses aufdringliche, protzige Gebilde in einer kargen Landschaft. Sie ist fast fertiggestellt. Denkt man an die Überquerungen aus Baumstämmen, erschlägt sie einen in ihrer Maßlosigkeit. Aber wer weiß, vielleicht verkörpert sie einen Wunsch der Bevölkerung von Hushe: eine befahrbare Straße zu ihnen, die sie an die Städte heranrückt. Die Leute hier in Pakistan sind von sich aus nicht so wanderlustig wie die in Nepal, wo man seit langem immer schaut, was jenseits der Täler liegt.

Das Tal dehnt sich aus. Das Getreide ist gewachsen, bildet aber noch grüne Flecken in der bräunlich-grauen wüstenhaften Landschaft. Gelbe Punkte in den Bäumen: Das ist Kande mit seinen Aprikosen. Wir wollen hier übernachten.

Unmöglich, ein Auge zuzutun. Alle Insekten der Erde haben sich offensichtlich verbündet, um uns zu plagen. Mustag ist da. Er hat erreicht, daß uns eine Familie ohne Probleme einen Raum überläßt. Alle Mitglieder haben sich in die Küche zurückgezogen, mit Ausnahme der ganz kleinen Bewohner. Nach einer Stunde hält es David nicht mehr aus und flieht nach draußen. Ich will mich nicht so einfach von diesen Quälgeistern in die Nacht hinausvertreiben lassen. Das Ergebnis: unzählige Bisse von den Haarwurzeln bis zu den Zehenspitzen.

Ich bin froh, daß wir um 5 Uhr morgens weiterziehen werden. Die Sonne ist noch nicht aufgegangen. Wir haben einen anstrengenden Vormittag vor uns. Denn wir wollen in Saling sein, bevor die Strömung zu reißend wird und kein Zuk uns mehr übersetzt. Ich habe nie herausgefunden, was der letzte Termin ist. 10 Uhr meine ich. Aber Mustag scheint uns bei sich zum Frühstück einladen zu wollen. Und unser Zuk? Die Verständigung zwischen David und ihm ist ein Witz. Mustag kann kein Englisch. Endlich ist mit „Khaplu today" und „O. K." die Situation wohl geklärt. Wir können uns auf den Weg machen.

Unser Dreiertrüppchen marschiert in einem Höllentempo. Schade. Ich wäre gern gemütlich durch diese warme, hier und da mit grünen Flecken getupfte Gegend gegangen. Kleine Inseln des Lebens. Und ich hätte gern Rast am Hushe gemacht und dem munteren Spiel des Wassers zugeschaut, das sich in lauter silberne Ärmchen verzweigt, bevor es sich in den Shyok ergießt. In der Ferne Indien und Ladakh. Wir sind nur etwa 100 Kilometer von Leh entfernt.

David eilt uns voraus. Ich bleibe mit Mustag ein Stück zurück. Der Weg ist noch immer gut, aber manchmal machen wir kleine

Abkürzungen dicht an den Dörfern vorbei, meist an den Mauern der terrassenförmig angelegten Äcker entlang. Mustag bleibt immer wieder stehen und wartet auf mich. Eine Frau kann auch hier nicht allein durch die Landschaft ziehen...

Das Tal scheint kein Ende zu nehmen. Weiter unten ist ein ganzes Dorf mit der Getreideernte beschäftigt. Auf beiden Seiten des Pfades hört man Dreschgeräusche. Zwei eingespannte Ochsen drehen sich im Kreis und stampfen die Ähren. Wir gehen mitten durchs Dorf. Ärmliche kleine Häuser aus Stein und Lehm mit flachen Dächern, die sich völlig der Umgebung anpassen.

Anders als in Nepal, wo immer irgendwo ein lächelndes Mädchen steht und einen tibetischen Tee mit Salz und Yakbutter anbietet, ist es hier nicht so leicht möglich, etwas zu trinken zu bekommen. Die Menschen dieses Tals sind verschlossener.

Wir marschieren ohne Pause, ohne Maß. Keine Ahnung, wie weit es noch ist. Ich erinnere mich nicht mehr vom Hinweg daran. Ein hellhäutiger Mann mit zwei Balti-Trägern kommt uns entgegen. Ein Deutscher, den sein Verein auf Erkundung geschickt hat. Er will zu unserem Basislager aufsteigen und Fotos machen. Wie altmodisch...

Erschöpft sitzen wir bei Mustag auf dem Teppich und essen Weintrauben. Köstlich! Eigentlich gehört das Haus, in dem wir sind, Mustags Vater, und einige seiner Brüder leben hier. Er pendelt offensichtlich zwischen diesem hier und einem kleinen Haus weiter oben hin und her, wo er Frau und Kinder hat. Wie beim letztenmal sind wir herzlich empfangen worden.

Medhi ist auch da. Das Zuk geht erst am Nachmittag los. Genügend Zeit. Ich träume vor mich hin... Das hört immer mit dem Krachen einer Lawine auf. Vielleicht wäre ich, hätte ich mich nicht aus der Umklammerung gelöst, einfach auf dem Gipfel gelandet... als Engel mit Rucksack und Steigeisen.

Ich trauere dem Gipfel jedoch nicht nach, denke kaum noch an ihn. Viel tiefer wirkt dieses stumme Einssein mit dem Berg, das ich erlebt habe. Und die Erinnerungen an die Momente, wo meine Grenzen verschoben waren, ja, sich teilweise auflösten, bleiben wie ein Stachel im Fleisch. Er wird mich antreiben, weiter nach mir und dem Leben zu suchen.

Und noch ein Wort zu dem Thema: Frauen und extremer Alpinismus. Ich habe es nicht verschwiegen, daß es mit ungeheuren Strapazen verbunden war, meinen Rucksack mit zwanzig Kilo Gewicht auf über 7000 Meter hochzuschleppen. Ich habe Hunger gehabt, gefroren, Ängste haben mich fast überwältigt, und meine Rippen sind von einer Lawine angequetscht worden. Aber ich habe gelesen, daß Reinhold Messner nur fünfzehn Kilo Gewicht trägt, auch ins Rutschen kommt, friert, hungert und wie Espenlaub zittert, wenn ihn die Angst befällt. .

Ich sehe also nichts, was eine Frau hindern könnte, auf die Gipfelriesen des Himalaja zu steigen, nur weil sie eine Frau ist. Um so mehr bin ich erstaunt, daß Frauen so selten in Kleinexpeditionen anzutreffen sind (und auch sonst auf den hohen Bergen). Hier finden sie bestimmt mehr Befriedigung, als wenn sie die monströsen Großexpeditionen der Männer nachzuahmen versuchen oder daran teilnehmen. Denn diese sind hauptsächlich Produkte der männlichen Sehnsucht nach Macht und Sieg. Die Kleinexpedition mit ihren viel unmittelbareren Erfahrungen und der größeren Flexibilität ist dagegen eine wunderbare und intensive, wenn auch sehr gefährliche Möglichkeit, sich auf das Abenteuer der Selbstsuche zu begeben.

REISEN,
MENSCHEN, ABENTEUER

Die neue Taschenbuchreihe SIERRA
bei Frederking & Thaler will über die äußeren und
inneren Reisen berichten, sie will unterhalten
und informieren, Verständnis für Fremdes wecken,
die Schönheiten und Wunder unserer Welt
aufzeigen, aber auch vor der Zerstörung des
Lebensraumes warnen.

Bernd Keiner
Quer durch den roten Kontinent
Unterwegs in Australien
208 Seiten, 46 s/w-Fotos, 4 Karten
ISBN 3-89405-021-7

Dieter Kreutzkamp
Traumzeit Australien
Mit dem Fahrrad zwischen Outback und Pazifik
164 Seiten, zahlreiche Fotos, 11 Karten
ISBN 3-89405-107-8

Bernhard Lill
Zwischen Bombay und Benares
Mit Bahn, Bus und Taxi durchs nördliche Indien
208 Seiten, 40 s/w-Fotos, 1 Karte
ISBN 3-89405-064-0

SIERRA

REISEN,
MENSCHEN, ABENTEUER

Peter van Ham
Auf Buddhas Pfaden
2000 Kilometer durch den
Westhimalaya
238 Seiten, 64 s/w-Fotos
ISBN 3-89405-085-3

Peter Matthiessen
**Auf der Spur des
Schneeleoparden**
320 Seiten, 1 s/w-Foto,
2 Karten
ISBN 3-89405-089-6

Stefan Biedermann
**Im Land der
aufgehenden Sonne**
Meine Zeit in Japan
ca. 224 Seiten, 34 s/w-Fotos,
1 Karte, 1 Kalligraphie
ISBN 3-89405-003-9

Désirée v. Trotha
Die Enkel der Echse
Lebensbilder aus dem
Land der Tuareg
256 Seiten, 1 s/w- und
42 Farbfotos, 1 Karte
ISBN 3-89405-094-2

SIERRA